U0530219

让美成为习惯

敦煌日课

（第3册）

文明赓续

敦煌画院 编著

中信出版集团｜北京

图书在版编目（CIP）数据

敦煌日课：让美成为习惯：全3册 / 敦煌画院编著.
北京：中信出版社, 2025. 4. -- ISBN 978-7-5217
-7361-3

Ⅰ. K870.6

中国国家版本馆CIP数据核字第2025NG8499号

图书策划：中信出版·24小时工作室
特约策划：北京小天下
总 策 划：曹萌瑶
策划编辑：蒲晓天
责任编辑：姜雪梅　谭惠芳　王玲
内容策划：李硕　王津
内容编辑：杨雪枫
图片编辑：赫森　张楷
营销编辑：生活美学营销组
书籍设计：王贵兰
书　　法：李响
统　　筹：宋琳

敦煌日课：让美成为习惯（全 3 册）
　　　　　——文明赓续
编 著 者：敦煌画院
出版发行：中信出版集团股份有限公司
　　　　　（北京市朝阳区东三环北路 27 号嘉铭中心　邮编 100020）
承 印 者：北京雅昌艺术印刷有限公司

开　　本：720mm×970mm　1/16　　印　　张：53.25　　字　　数：819千字
版　　次：2025年4月第1版　　　　　印　　次：2025年4月第1次印刷
书　　号：ISBN 978-7-5217-7361-3
定　　价：329.00元

版权所有·侵权必究
如有印刷、装订问题，本公司负责调换。
服务热线：400-600-8099
投稿邮箱：author@citicpub.com

《文明赓续》序言

横跨东西，纵历古今

在敦煌，我们可以找到丝绸之路的精神所在——开放与交流。当我们站在丝绸之路的角度来看敦煌，会发现，敦煌的魅力不只属于中国，也属于整个世界。

如果以敦煌为代表的石窟艺术是一颗耀眼的珍珠，那么丝绸之路就像一条"横跨东西，纵历古今"的线。经过它的串联，整个亚欧大陆被联结成一条迷人的璎珞。你会发现在丝绸之路上，除了敦煌，还分布着其他大大小小的石窟殿堂，它们凝聚了人类精神文明的精粹，让人叹为观止。

更有意义的是，这条线不仅在空间上连接着东方和西方，也在时间上连接着过去和未来。近代藏经洞的发现，使得数万件写本、绘画重现于世，从而将丝绸之路这一宏大的历史叙事场景展现在全球人的面前。今天的敦煌，是我们探寻古代丝绸之路和近代历史的重要窗口。

在这本分册中，我们试着把敦煌重新聚焦成一个点；试着从这个点出发，来了解敦煌背后的文化线索和脉络。

- 古代敦煌——古代敦煌的服饰、节日等生活与历史细节。
- 千古丝路——敦煌的来龙与去脉（犍陀罗、历史、艺术和文化）。

· 当代敦煌——保护和传承敦煌艺术的常识及参观时的注意事项。

· 未来敦煌——如何让敦煌之美代代相传？

  今天，面对科技、政治和经济深度融合的全新世界格局，古老的丝绸之路以"一带一路"这一创新主张，从历史走入现实，再次来到世界舞台的中央。

目录

桑落

古代敦煌

❀ 历代艺术

桑落元日	古代敦煌的不同艺术风格时期	007
桑落丙日	魏晋南北朝时期的敦煌艺术	009
桑落戊日	隋及盛唐时期的敦煌艺术	011
桑落庚日	吐蕃占领时期的敦煌艺术	013
桑落壬日	归义军时期的敦煌艺术	015
桑落甲日	西夏和元时期的敦煌艺术	017

❀ 生活写真

桑落乙日	二牛抬杠	019
桑落丁日	饕餮美食	021
桑落己日	终身大事	023
桑落辛日	求儿求女	025
桑落官日	竹马童年	027
桑落癸日	狩猎图	029
桑落政日	射箭图	031

桑落尧日	天人合一	033

🏵 服饰民俗

桑落帝日	冠服制度	035
桑落哲日	铠甲武士	037
桑落明日	百姓穿什么	039
桑落正日	少数民族服饰	041
桑落学日	唐代美人三件套	043
桑落平日	一簪二钗三步摇	045
桑落保日	对镜帖花黄	047

🏵 供养人像

桑落至日	供养人——被画进壁画中的真人	049
桑落神日	有哪些知名的供养人？	051
桑落圣日	《都督夫人礼佛图》	053
桑落舆日	回鹘公主	055
桑落道日	于阗国王李圣天	057
桑落恩日	新妇小娘子	059
桑落慈日	晚唐女供养人	061
桑落顺日	敦煌侍女图	063

千古丝路

霜华

❀ 河西走廊

霜华元日	神秘的"三兔共耳"图腾	071
霜华丙日	河西走廊——"陆上马六甲"	073
霜华戊日	汉代同期帝国	075
霜华庚日	汉早期的"和平"策略	077
霜华壬日	张骞"凿空"西域	079
霜华甲日	汉武帝的良苦用心——汗血宝马	081
霜华乙日	西部长城	083
霜华丁日	绿洲王国——龟兹古国	085
霜华己日	敦煌到底有多繁华？	087
霜华辛日	唐朝与周边政权的关系	089
霜华官日	消失在历史中的回鹘	091
霜华癸日	归义军的传奇	093

❀ 丝绸古路

霜华政日	一条具有世界历史意义的通道	095
霜华尧日	历史上最伟大的商品	097
霜华帝日	四通八达的路网	099
霜华哲日	丝绸之路上的珍稀商品	101
霜华明日	中间商——粟特人	103
霜华正日	四大发明的丝路轨迹	105
霜华学日	丝绸之路上的角色	107

IV / V

霜华平日	海上丝绸之路	109

丝路文脉

霜华保日	佛像的诞生和流传	111
霜华至日	犍陀罗——佛教飞翔之地	113
霜华神日	西行求法和玄奘取经	115
霜华圣日	敦煌和《西游记》的联系	117
霜华舆日	李白可能是胡人	119
霜华道日	藏在壁画中的五台山	121
霜华恩日	黄道十二宫和十二星座	123
霜华慈日	来自古波斯的纹样	125
霜华顺日	从昆仑奴到于阗王	127
霜华忠日	敦煌和书法的渊源	129

当代敦煌　　　　　　　　　　　　　　　　隆冬

藏经往事

隆冬元日	藏经洞重见天日	137
隆冬丙日	历经磨难的藏经洞文物	138
隆冬戊日	藏经洞被发现时的历史背景	141
隆冬庚日	藏经洞封存谜团	143

保护敦煌

隆冬壬日	敦煌遗书	145
隆冬甲日	莫高窟守护三杰	147
隆冬乙日	石窟面临的难题	149
隆冬丁日	数字敦煌	151
隆冬己日	敦煌在中国，敦煌学在世界？	153
隆冬辛日	五十年后还能看得到敦煌壁画吗？	155

接续敦煌

隆冬官日	让敦煌被世界看见	157
隆冬癸日	敦煌画师	159
隆冬政日	一群人，数十年，一件事	161
隆冬尧日	敦煌壁画临摹分类	163
隆冬帝日	少有人知的"泥本临摹"	165
隆冬哲日	敦煌非遗——用传承致敬历史	167
隆冬明日	敦煌画院的前世今生	169
隆冬正日	白描修心	171
隆冬学日	敦煌九样	173

走进敦煌

隆冬平日	初访敦煌前的准备	174
隆冬保日	莫高窟的编号	176
隆冬至日	永久不开放洞窟	179
隆冬神日	不普通的普窟	181

隆冬圣日	特窟的选择	182
隆冬舆日	为敦煌研究院"点赞"	185
隆冬道日	冬季，发现一个不一样的敦煌	187
隆冬恩日	另一个选择——榆林窟	189
隆冬慈日	敦煌观星地	191
隆冬顺日	戈壁徒步——重走玄奘之路	193
隆冬忠日	敦煌常伴——书籍推荐	194

未来敦煌

🏵 不可思议的敦煌

暮岁元日	不可思议的敦煌	203
暮岁丙日	"三兔共耳"的当代演绎	205
暮岁戊日	敦煌众神来到太空	207
暮岁庚日	古老的敦煌纹样也可以这么"潮"	209
暮岁壬日	敦煌五福	211
暮岁甲日	敦煌福虎	213
暮岁乙日	敦煌众龙	215
暮岁丁日	爱运动的飞天女孩	217
暮岁己日	金刚大叔	219
暮岁辛日	再现敦煌乐舞	221
暮岁官日	古今天王	223
暮岁癸日	飞天十二星座	225
暮岁政日	敦煌萌兽来袭	227

| 暮岁尧日 | 新十六观 | 229 |
| 暮岁帝日 | 有生命力的敦煌岩色 | 231 |

✦ 共创敦煌

暮岁哲日	中国潮，离不开敦煌潮	233
暮岁明日	让飞天飞到你的身边	235
暮岁正日	星际兔传说——"三兔共耳"前传	237
暮岁学日	"青鸟"与"翼马"的数字重生	239
暮岁平日	"敦煌超宇宙"数字艺术展	241
暮岁保日	来，做一名数字供养人	243

✦ 敦煌童画

暮岁至日	敦煌童画的前世今生	245
暮岁神日	一万个太阳——孤独症儿童的杰作	247
暮岁圣日	与万物共生长	249
暮岁舆日	敦煌童画，属于中国孩子的文艺复兴	251
暮岁道日	敦煌童画面临的挑战	252
暮岁恩日	我们不是一个人在行动	255
暮岁慈日	一大波展现奇思妙想的作品诞生了	256
暮岁顺日	用 AI 创作敦煌童画	261
暮岁忠日	敦煌童画，不是童话	263

后记	我们能为敦煌做些什么？	265
致谢	不负时光，不负敦煌	268
参考书目		269

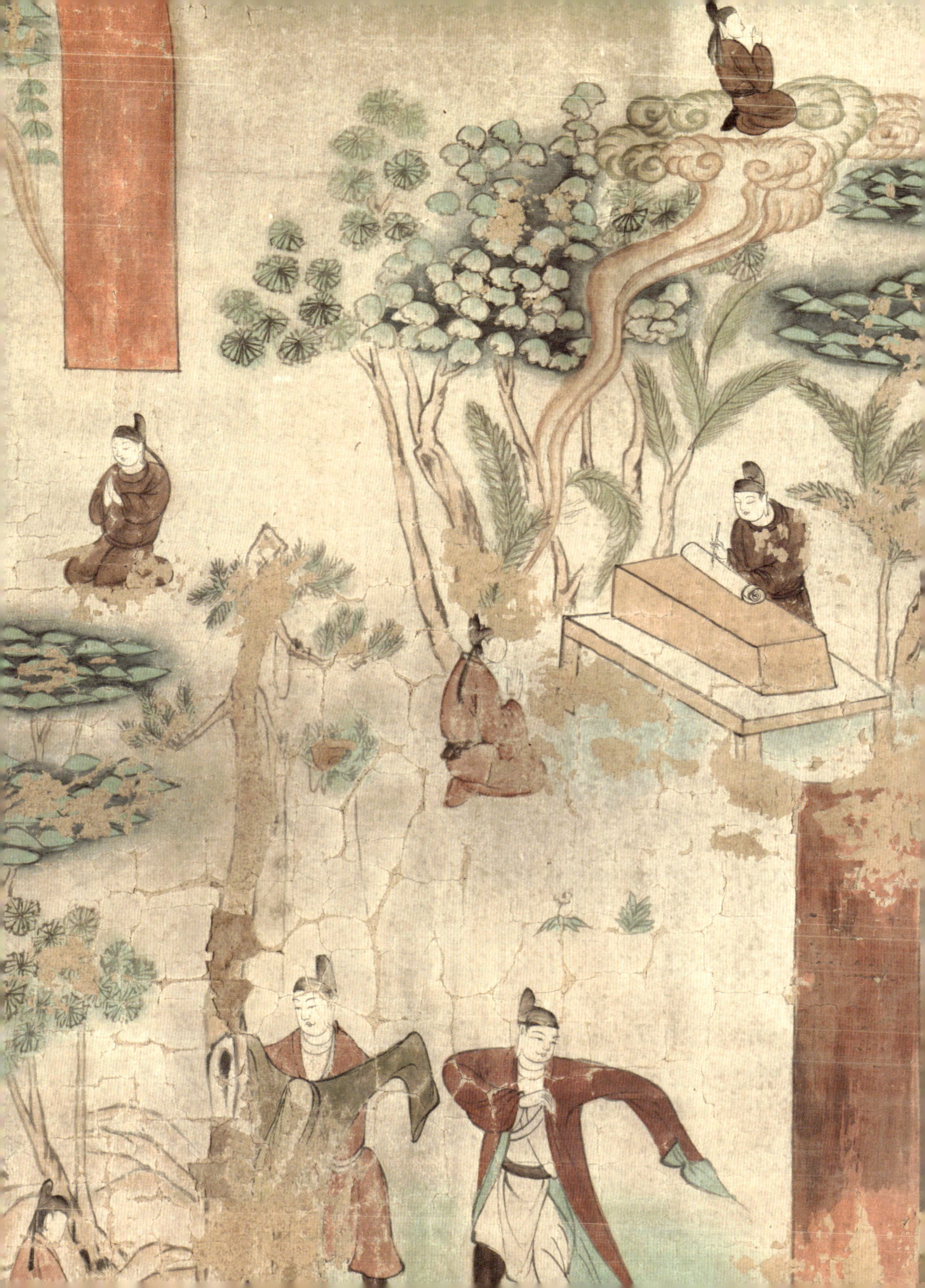

古代敦煌

桑落

寒露洁秋空,
遥山纷在瞩。
——(唐)张九龄《晨坐斋中偶而成咏》

历代艺术—生活写真—服饰民俗—供养人像

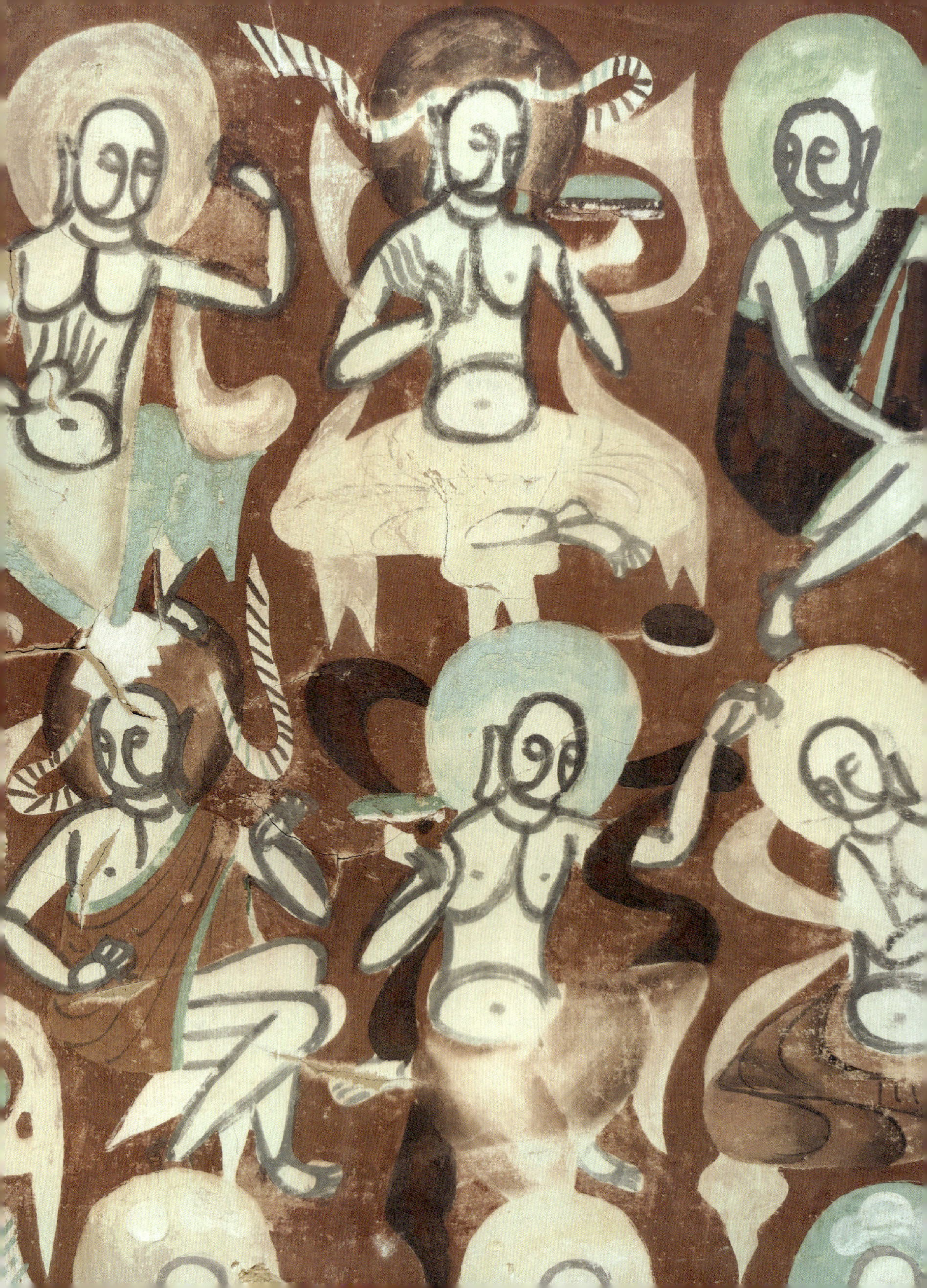

古代敦煌

敦煌艺术的延绵，从北凉始，历经隋唐盛世，即使是安史之乱后国力下降，归义军依然成立了敦煌画院，在时代洪流中逆势而上，缔造了最后的巅峰，直至宋元。明之后，陆地丝绸之路渐废弃，敦煌被划为关外，敦煌艺术的创造方就此停歇。

千年间，或战火或更迭或盛世或饥荒，但画师的创作并未间断。即使中间偶有壁画脱落或损毁，但更多的壁画被绘制出来，更多的创造力被尽情释放。

古老的壁画艺术正是靠着历代画师的接力，穿越了千古，和我们相会于今日。在这里，我们不仅可以了解敦煌艺术的发展史，还可以看到古代敦煌人的生活风貌。透过画师对出资营建洞窟的供养人的真实描绘，还可以观察到当时人们的服饰等种种细节。

九色鹿王本生　莫高窟257窟　北魏（临摹）

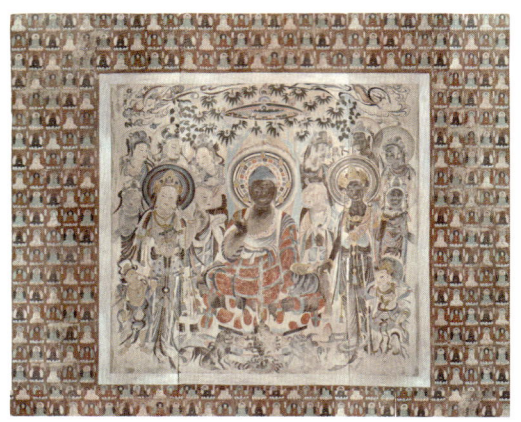

阿弥陀佛说法图　莫高窟057窟　初唐（临摹）

千手千眼观音　莫高窟003窟　元代（临摹）

桑落 元日
寒露 初候，鸿雁来宾

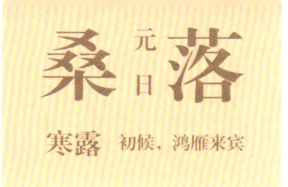

"敦，大也；煌，盛也。"
——《汉书·地理志》东汉 应劭 注

古代敦煌的不同艺术风格时期

想要深入了解敦煌，就要把敦煌壁画的艺术风格和发展历史进行粗略分类，这样有助于我们从整体角度把握古代敦煌的不同时期，从而进行更为细致的研究和学习。

• 魏晋南北朝时期：这一时期的敦煌石窟为早期石窟，一般规模较小，壁画风格受犍陀罗艺术影响较大，呈现出浓郁的西域特色，多用凹凸晕染法，线条古拙粗犷，色彩多在赭红色的底色上绘石青、石绿和黑。内容多是本生故事和佛传故事，代表作如《九色鹿王本生》《舍身饲虎本生》。

• 隋及盛唐时期：隋唐是敦煌艺术空前发展时期。这一时期开凿石窟较多（现存300多个），内容多表现歌舞盛世的经变故事，画面丰富紧凑完整，将整个石窟营造成一个空间广阔的整体，佛像造型更趋向于东方人。代表作如《观无量寿经变》。

• 吐蕃占领时期（中唐）：安史之乱后，唐实力走向下坡。吐蕃占领敦煌后，大力扶植佛教文化以缓解民族矛盾，敦煌地区佛教势力不仅未衰减，反而进一步发展。此时期艺术风格仍保留唐初艺术风格，壁画人物出现吐蕃服饰等。代表作如《弥勒经变》。

• 归义军时期（晚唐、五代及宋）：本地豪强驱逐吐蕃之后建立了归义军政权。曹氏成立画院，为各大家族开功德窟。宋代敦煌壁画则多为山水背景绘画。代表作如《张议潮统军出行图》《五台山图》。

• 少数民族时期（西夏和元）：敦煌艺术虽然步入衰落期，却又和回鹘、契丹、吐蕃、蒙古等各族文化进行融合而呈现出多样性。

你更喜欢哪个时期的敦煌壁画艺术呢？

有人喜欢北魏九色鹿的古拙，有人喜欢隋唐飞天的潇洒舞姿，也有人喜欢西夏线条的完美。在不同的历史时期，敦煌艺术风格和审美特征都展现出时代自身的特点，为后世留下了宝贵的艺术遗产。

说法图　莫高窟285窟　主室东壁　西魏（临摹）

桑落 丙日

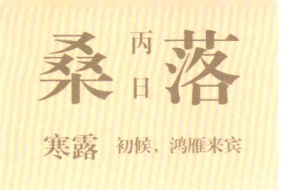

寒露 初候、鸿雁来宾

"秀骨清像，似觉生动"
——《历代名画记》唐 张彦远

魏晋南北朝时期的敦煌艺术

早期的敦煌艺术，包括十六国（前凉、北凉）、北朝（北魏、西魏、北周）前后近二百年。从绘画风格的演变来看，北魏活泼且厚重，西魏以后趋向文雅，透露出隋唐成熟高超的画风即将到来的征兆。

北凉时期的壁画全面吸收了西域佛教艺术的题材和技法，并加以融合形成敦煌风格。从壁画表现形式和技法看，主要是继承了敦煌和河西魏晋墓画的传统，也借鉴了西域壁画的特点（如凹凸法）。主要内容为佛传和本生故事，这时候的供养人像画得较小，服装上胡汉特色兼具。

北魏时期的壁画内容逐步丰富起来，以故事画为主体，如《舍身饲虎本生》《九色鹿王本生》等。关于故事画的创作，这一时期出现了两种不同构思：一种是主体式"异时同图"结构（《舍身饲虎本生》）；另一种为横卷式的连环画（《九色鹿王本生》）。可以看出，这一时期的西域影响逐渐减少，本土特色日益浓厚。

东阳王元荣出任瓜州刺史，带来了全新的中原风格。这种来自南朝的画风迅速地对北方石窟壁画产生了巨大的影响。其典型特征是人物造型出现"秀骨清像"式形象。这一时期的故事画中帝王、官吏等人物均着中原长袍。

这一时期，原先在西域流行的印度式裸体菩萨和舞女，被没有性别的菩萨、伎乐、飞天的形象所取代。这不仅是为了适应儒家伦理道德观念和审美习惯，更是敦煌画师发挥高度想象力和主观能动性的结果。

"秀骨清像"中原风格产生的文化背景是什么？

以"秀骨清像"为代表的中原风格，始于顾恺之、戴逵，成于陆探微。当时的魏晋南朝士大夫推崇吟诗清谈，学神仙吃五石散，穿着宽衣博带，并以此为高逸风格，这种思想、审美和生活方式就是"秀骨清像"这一派风格的社会基础。魏孝文帝改制以后，这种画风迅速传入北方从而风靡全国，成为一时风尚。

2 天竺遗法 P231

观无量寿经变 莫高窟 320窟 主室北壁 盛唐（临摹）

桑落 戊日

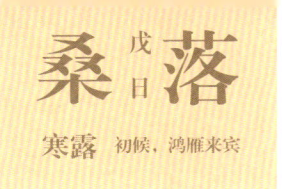

寒露 初候，鸿雁来宾

"遵奉圣教，重兴像法。"
——《全隋文·再立舍利塔诏》 隋 杨坚

隋及盛唐时期的敦煌艺术

隋初至盛唐近两百年时期，可以说是敦煌艺术发展的最高峰。这一时期壁画题材丰富，场面宏伟，色彩瑰丽，人物造型、敷彩晕染和线描技巧都达到空前的水平。能有这样的艺术高度，和当时皇室对佛教的推崇密不可分。

崇信佛教的隋文帝多次下诏建造舍利塔，这一诏命远至西域。这一时期，隋朝还将大批南朝贵族及其部族远徙至敦煌，由此南北文化在敦煌融为一体，使敦煌的地方文化更加富有特色。

隋代存在的短短38年间，在莫高窟开窟多达77个，规模宏大，壁画和彩塑技艺精湛，南北两种艺术风格并存，呈现前所未有的盛世景象。

这一时期最典型的艺术现象，就是除了沿用原有的题材，开始出现"经变画"。依据佛经典籍在墙壁上绘制出一幅宏大的佛国世界蓝图，这一表达方式在隋唐逐渐流行起来。

隋代开始出现的《西方净土变》画面一般较小，内容也较简单。到了初唐，壁画中的净土经变画开始占到很大比重，一般是每壁一幅，有《观无量寿经变》《阿弥陀经变》《药师经变》《弥勒经变》《维摩诘经变》《法华经变》等，后期经变画种类更是不断增多，出现了《金刚经变》《金光明经变》《华严经变》《楞伽经变》《报父母恩重经变》等，甚至可以看到多种经变画汇于一窟的现象。

为什么说经变画的诞生代表着敦煌艺术的巅峰？

从敦煌壁画艺术的角度看，经变画可谓面积最大，艺术难度最大，所呈现的内容也最为丰富，占据了壁画中最重要的位置。为了完成这种规模的创作，画师们需要团结成为一个紧密的组织，在延续古人画法的基础上，借鉴当时的建筑、乐器等现实元素，依据佛经发挥想象力进行前所未有的创造。

❷《观无量寿经变》P105

弥勒经变　榆林窟 025 窟　主室北壁　中唐（临摹）

寒露 初候，鸿雁来宾

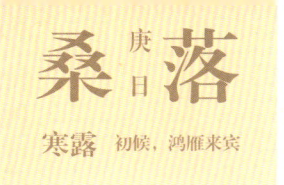

"吐蕃健儿面如赭，走入黄河放胡马。"
——《敦煌曲》明 曾棨

吐蕃占领时期的敦煌艺术

安史之乱，堪称唐朝由盛转衰的转折点。此后，敦煌之地遭吐蕃侵占。在那长达 60 多年的岁月里，吐蕃强制汉人更改习俗，推行其落后的生产与生活方式，敦煌地区可谓苦不堪言。

尽管如此，由于当权者对佛教的虔诚信仰，敦煌佛教事业非但没有式微，反而迎来了更为繁荣的发展时期。

在这一时期，石窟的开凿与造像活动频繁，现存洞窟约有 40 个，其中以"涅槃窟"最具代表性。同时，同期敦煌壁画中亦可见藏传佛教密宗的形象与题材，佛像画中更是出现了众多密宗神像，诸如如意轮观音、千手千眼观音等。

在吐蕃占领期间，供养人画像呈现出哪些新的变化？

这一时期壁画艺术持续发展，其中也增加了吐蕃赞普的形象。然而，学者发现，这一时期的供养人画像数量急剧减少，这或许与吐蕃实施的民族政策有关，强制汉人穿戴吐蕃服饰，使得当时的人们不愿以吐蕃装束的形象出现在壁画之中。

劳度叉斗圣变　莫高窟 196 窟　主室西壁　晚唐（临摹）

桑落 壬日

寒露 初候，鸿雁来宾

"了却君王天下事，赢得生前身后名。"
——《破阵子·为陈同甫赋壮词以寄之》 宋　辛弃疾

归义军时期的敦煌艺术

归义军时期分为两个阶段：张氏归义军时期，曹氏归义军时期。

虽然时局多舛，归义军时期的石窟艺术仍然得到了充分的发展，标志性事件就是沙州画院（敦煌古称沙州）的建立。

这一时期的绘画特点主要有以下几点：

- 豪强家族所主导的功德窟大肆流行，供养人形象尺寸变得巨大。
- 经变画中的"劳度叉斗圣变"题材开始流行，可能为了表达赶走吐蕃的喜悦，彰显自身的正义性。
- 由于莫高窟的中层崖壁已经布满洞窟，这一时期的新洞窟只能选择最上层或最下层，人们修建洞窟只能加长甬道，到崖面深处营造主室；之后，随着丝绸之路上商旅团队的减少，敦煌洞窟开凿数量大为减少。宋代的很多壁画甚至是在唐代壁画上覆盖绘制而成。

归义军时期供养人画像为何越画越大？

曹氏成立画院后，为各大家族开功德窟成为流行，供养人地位随之达到巅峰，其特征是供养人画像变得越来越大，其中作为曹氏亲戚的于阗国王画像更是高达 2.82 米，远远超过常人。这是由归义军时期特殊的政治经济环境所决定的，体现了理想世界不断让位于现实权力的变化。

归义军的传奇 P093　2 劳度叉斗圣变 P125

文殊变　榆林窟 003 窟　主室西壁　西夏（临摹）

桑落 甲日

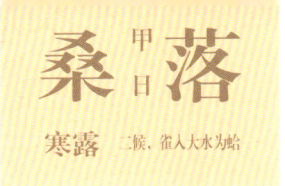

寒露 二候，雀入大水为蛤

"或咫尺之图，写千里之景。"
——《山水诀》唐 王维

西夏和元时期的敦煌艺术

归义军之后，是少数民族政权统治敦煌的时期：西夏和元朝（包括北元时期）。在这 300 多年间，由于统治者信仰佛教，莫高窟的修建、重建活动并没有停止。

这一时期敦煌壁画在山水画和人物画方面的发展，是敦煌石窟艺术发展历程中的一个小高峰。西夏画师大量使用粉本，创造了很多壁画。虽然他们在题材方面少有突破，但在构图和敷彩方面却展现了自己的特点，如画面多用大面积绿色为底色，用土红色勾线，色调偏冷。元代壁画出现较多藏传佛教的题材，并开始采用淡彩浓墨的湿壁画技法。

如左图这幅《文殊变》为张大千先生所推崇，被誉为"满壁风动"，是敦煌壁画晚期艺术的巅峰之作。其画面有三大变化：首先，文殊菩萨的相貌变得温文尔雅；其次，原先的昆仑奴变为满面虬髯、穿胡服的西域武士；最后，原先的场景变成了类似"八仙过海"的渡海场面。

到了开凿晚期，敦煌艺术为什么还能创造出小高峰？

莫高窟的崖壁已经布满洞窟，西夏中晚期的画师们开始开辟新的空间——榆林窟、东千佛洞。西夏画师虽然未能在题材上实现创新，但在学习前人画作的基础上，在人物、山水的用色和技法方面持续创新，找到了自己的突破口，从而为敦煌艺术增添了全新的风格特点。

另一个选择——榆林窟 **P189**

耕种图 榆林窟025窟 主室北壁 中唐（临摹）

桑落 乙巳

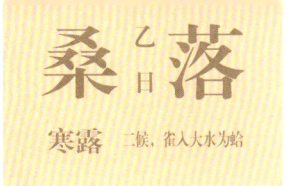

寒露 二候，雀入大水为蛤

"春种一粒粟，秋收万颗子。"
——《悯农》唐 李绅

二牛抬杠

中国自古以农业为本，粮食是关乎人们生存和国家富强的关键。

粮食的生产是大事，也是个系统工程，需要和平、天时和灌溉，也离不开农业工具的革新。河西四郡设立后，内地大量的移民为西域带来了先进的耕种技术，"二牛抬杠"就是其中一种：耕作时，两牛相距七八尺，中间横一"杠"，"杠"后接续辕犁（应有三人操作，又称"二牛三夫"耕作法：一人在前牵牛；一人坐于"杠"上，脚踏辕犁，控制犁铧入土深浅；一人在后扶持犁把。左图壁画中简化为一个人在后扶着犁把）。

"二牛抬杠"出现在敦煌壁画上，标志着中原农业技术对西域地区的影响。榆林窟025窟主室北壁的这幅壁画中，犁田的农人头戴斗笠，双手扶犁，身后跟着一位妇人，持筐往犁过的地里播撒种子。两头健硕的耕牛正拉犁前行，采用的正是"二牛抬杠"的农作方式。

如何看待生产工具在古代农耕社会的重要性？

耕牛是古人从事农业生产的主要劳动工具。"地辟于丑，而牛则辟地之物也，故丑属牛。"正因为帮助人类获得衣食，牛一直以来深受人们崇敬和爱护。左图中犁田的农人使用的是直辕犁（直辕犁始于汉代，到了唐朝逐步被更先进的曲辕犁所取代）。

耕牛的广泛运用及"二牛抬杠"的技术改进，加之铁犁的逐步推广，大大提高了农业耕作的生产效率，使西域地区的农业得到发展，出现了"天下安平，人无徭役，岁比登稔，百姓殷富"的盛世景象。

2 人间理想（二）：衣食无忧 P119

宴会乐舞　莫高窟360窟　南壁　中唐

桑落

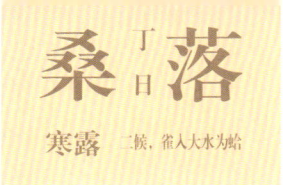

寒露 二候，雀入大水为蛤

"葡萄美酒夜光杯。"
——《凉州词》唐 王翰

饕餮美食

在古代敦煌的宴席上，会出现哪些饕餮美食呢？

第一位当数葡萄酒，因为酒从来都是宴会的灵魂。张骞出使西域的时候，就见过大宛国有葡萄酒。此后，葡萄酒沿着丝绸之路进入中原，受到中原人的追捧。

其次便是烤肉。古人称烤为"炙"，在敦煌，猪肉、羊肉和鸡肉经常是炙肉的主要食材，是宴会的主菜。西北推崇"貊炙"的烤法，就是把整头牛羊烤好以后用刀割着吃——这不就是我们熟悉的烤全羊吗？

除了酒肉，敦煌的蔬菜种类也很丰富，除了韭菜、蘑菇、萝卜，还有从异域传入的茄子、芫荽、胡瓜等。

除了各种佳肴，面食也是当地人的主食之一。经过几千年的探索，敦煌人可以用小麦做出各种美食，其中有汤饼、蒸饼等，而最流行的莫过于"胡饼"（这一名称源于其最初为胡人所食用，类似今天新疆和西亚流行的烤馕）。敦煌壁画中的胡饼外形多样，在同一幅壁画中就曾出现四种不同的胡饼；在敦煌遗书中也有记载，曾有窟主以胡饼作为画师的报酬。

有哪些带"胡"字的食物？

在我们的生活中，其实有很多食材自丝绸之路传到内地，它们的典型特征就是有一个"胡"姓。那时的人们对于从西域来的东西，凡叫不出名的都加个"胡"的前缀：胡桃就是核桃，胡麻就是芝麻，胡豆就是蚕豆，胡瓜就是黄瓜，胡蒜就是大蒜，胡荽就是香荽，还有胡萝卜……这些物产的流入，为东亚人原本丰富的饮食又增添了更多选择。

嫁娶图 榆林窟025窟 主室北壁 中唐（临摹）

桑落

寒露 二候，雀入大水为蛤

"归，女嫁也。"
——《说文·止部》东汉 许慎

终身大事

古代有严格的等级制度，不同阶级的人们应该穿什么衣服、用什么器具、乘什么交通工具都有明确的要求，不可僭越。冠服制度，可以说是中国古代礼制的根本所在，是身份的象征，也是权力的体现。但有一种情况可以例外，就是"婚礼"。在古代婚礼中，新郎官可以头戴幞头，双手持笏，穿红色袍服（这是官员的装束）；而新娘则满头珠翠花钗，甚至凤冠霞帔（只有皇后才可以穿戴），这就是"摄盛之俗"。

比起今天，古代婚礼非常讲究程序，一般分"纳采、问名、纳吉、纳征、请期、亲迎"六个环节。男方先向女方发出"通婚书"，问询名字和八字，占卜后下聘礼，女方收下聘礼并回以"答婚书"。"亲迎"则是其中最为隆重的仪式，双方先各自告别父母且祭祀祖先。当新郎进入女方家的大门时，需要吟诗来通过（敦煌名曰"论女婿"，就是后世的"难新郎"）。而后女方在住宅的西南角安帐举办婚礼仪式（帐又被称为"青庐"，唐时叫百子帐，祝福多子多孙）。

左图壁画中所绘制的就是"双方搭起帐篷举行婚礼"这一幕。帐内主宾对坐，主位处的男子穿着红色服装，地位尊贵；帐前行跪拜礼的新郎则用巾束头，身穿吐蕃服。这幅婚嫁图形象地再现了吐蕃统治时期的婚礼场景。

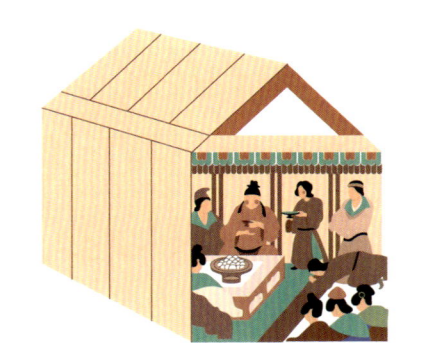

古人又是如何离婚的呢？

比起结婚的种种烦琐，古代的离婚反而是简易的。无须通过官方机构，主要靠民间自己处理。夫妻双方、父母亲眷、当地村老等有关人等进行商议后，立书为凭，这份文书便是"放妻书"。我们熟悉的"一别两宽，各生欢喜"就来自敦煌藏经洞的一份《放妻书》。

2 人间理想（一）：婚丧自由 P117

白衣观音　莫高窟003窟　主室西壁　元代（临摹）

桑落

寒露 二候，雀入大水为蛤

"不孝有三，无后为大。"
——《孟子·离娄上》 战国 孟子

求儿求女

在历史的长河中，无论是家庭还是国家，人口的繁衍始终被视为至关重要的事项。过去，由于缺乏对妊娠过程的科学理解，人们普遍认为怀孕是超自然力量作用的结果，因此渴望生育的夫妇常常会举行"求儿求女"的仪式。

在满足人类这一愿望的众多信仰中，"观世音菩萨"尤其被百姓敬仰。据传，无子嗣者若向观世音菩萨祈求并进行供养，其愿望往往能够实现。

自隋代起，有传宗接代需求的信徒们便委托画师绘制相关主题壁画，如下图所示的父子与母女形象。通过专家对榜题等信息的考证，确认这幅图描绘的是求子求女的场景，反映了供养人对子嗣的渴望。

古代社会是否普遍偏好生男孩？

从实际利益出发，古人往往偏好生男孩，因为男孩可以作为劳动力，在农耕等体力劳动中占据优势；同时，他们亦有机会通过科举考试获得功名，从而改变家族的命运。然而，从这幅图中我们也可以看出，古代也有许多人同样珍视女孩，毕竟女孩被视为父母的贴心小棉袄。

2 听世间音的观音菩萨 P033

骑竹马孩童　莫高窟 009 窟　东壁　晚唐（临摹）

桑落

寒露 三候，菊有黄华

"郎骑竹马来，绕床弄青梅。同居长干里，两小无嫌猜。"

——《长干行·其一》唐 李白

竹马童年

"青梅竹马"这个成语，描绘了不谙世事的男女儿童之间的嬉戏，如今引申成了男女之间两小无猜的纯真感情。

"竹马"，作为一种历史悠久的经典儿童游戏，在古代典籍中有不少记载。如《尚书》中记载，有数百儿童骑着竹马在道路边上迎拜某位受爱戴的官员；晋代《博物志》中也有记载，小孩子七岁玩"竹马之戏"；唐代的白居易在诗中也写过"笑看儿童骑竹马"。

暂且放下古人的文字记录，让我们通过敦煌壁画来看看这位古代小朋友所骑的竹马吧。这位身穿红色花袍、足蹬平头履的小顽童，左手握着一条弯弯的细长竹竿放在胯下充当"竹马"，右手拿着一根带竹叶的竹梢，当作马鞭。他昂着头，眼神中闪着调皮的光芒，口里仿佛还念叨着咒语——让"马儿"跑得更快一些。

古代孩童的游戏还有哪些？

除了骑竹马，还有放风筝、抽陀螺、斗草、摇拨浪鼓、跳绳、滑滑梯等。虽然没有手机和电脑，但看来古代儿童的乐趣可是一点也不少呢。

狩猎图 莫高窟 249 窟 北披 西魏（临摹）

桑落 癸日

寒露 三候，菊有黄华

"为报倾城随太守，亲射虎，看孙郎。"
——《江城子·密州出猎》北宋 苏轼

狩猎图

莫高窟 249 窟北披的这幅壁画，记录了一幕险象环生的狩猎场景。身着黑袍的猎人骑马飞奔，马儿呈腾空跃起姿态，猎人绷直双腿，奋力拉满弓弦，回首射虎。与之相对的老虎则紧紧跟随在猎人身后，进攻态势明显，似乎下一秒就要扑到猎人身上了。

这一幕不由让人惊问：人与虎究竟谁会取得最后的胜利？

敦煌壁画就像一部时空相机，把这一惊险万分的时刻定格在了墙壁上。

除此之外，画师在氛围的营造上可谓下足了功夫。画面中这位猎人回首弯弓射箭，老虎上方的鹿（一说黄羊）拼命奔跑，极为急切和惊慌。山峦之间怪木丛生，造型诡异。线条虽不甚复杂，但画面具备张力，令人有身临其境之感。

这幅狩猎图有什么深意吗？

莫高窟壁画中，狩猎图数量繁多。这幅图中还描绘了三只矫健的鹿并排向前狂奔。佛经中以鹿来泛指被猎人所射杀的生灵，其逃命奔跑的姿态被比喻为众生为脱离尘世而做出的努力。狩猎图像的本意在于劝人勿杀生，画师们根据自身对佛教教义的理解，将这一观念绘制成情节类似的狩猎图。

射箭图　莫高窟346窟　南壁　五代（临摹）

桑落 政日 寒露 三候，菊有黄华

"会挽雕弓如满月，西北望，射天狼。"
——《江城子·密州出猎》 北宋 苏轼

射箭图

射箭这一技艺起源于原始社会人类的狩猎活动，传说最初由神农氏发明，黄帝又将其完善。传说中还有许多著名的射箭英雄，如射日的神箭手后羿。

相较于中原，草原民族一般拥有更为精湛的骑马、射箭技艺，《汉书》中就记载了匈奴男子怎样学习骑马打仗以及如何在马背上用弓箭射杀猎物，"士力能弯弓，尽为甲骑"。

在战国时期，面对少数民族的侵扰，赵武灵王果断放弃传统的长袍宽袖，改穿胡人简便的衣服；淘汰战车，训练出以骑马和射箭为主的骑兵部队，来增加军队的灵活性。正是凭借"胡服骑射"，赵国跃为战国时的军事强国。这证明了射箭作为远距离杀伤利器在古代战争中的重要作用。

唐宋时期则是中国射箭文化发展的黄金时期。在选拔人才方面，射箭是"武举"中的重要项目，以挑选出优秀的射箭人才。

敦煌作为兵家必争之地，在这里射箭运动自然非常普及。左图这幅壁画就记录了五代时期的胡人射手使用弓箭的场景。只见这位胡人射手，腰系宝石革带，上面斜插了两支羽箭，单膝跪地，拉紧弓弦，瞄准着远处的目标，似乎能够感觉到他屏住了呼吸。

古今弓箭有什么差别？

射箭在中国的历史中扮演着重要的角色，它不仅是一种狩猎和战争技能，还被视为修身养性的体育运动。不过古代的弓箭通常为"复合弓"，又称"反曲弓"（弓的弓臂末端向射手的反方向弯曲）。随着热兵器的登场，古代弓箭由于对射手要求高、发射效率低、杀伤力低等逐渐退出了历史舞台。我们今天看到的现代弓箭大部分是为体育赛事所设计，有的还会安装先进的瞄准器。

大迦叶山中禅定　榆林窟025窟　主室北壁　中唐（临摹）

桑落

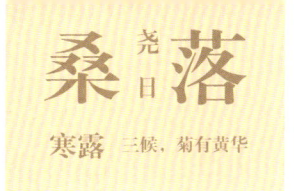

寒露 三候，菊有黄华

"问君何能尔？心远地自偏。"
——《饮酒·其五》东晋 陶渊明

天人合一

通过敦煌壁画你会发现，古人其实非常热衷于到洞窟或山里等偏远的地方修行。在人烟稀少的地方，寻找一个安静的空间，减少外界干扰，从而心无旁骛地专注于自己的内心，修身养性。

莫高窟最初的开凿原因正是如此。在野外或远郊寺庙中，通过打坐、抄经等方式来修行，是提升自我的重要方式。

此外，在中国文人所推崇的价值观里，"天人合一"的审美志趣被视为人生追求的最高境界。中国古人相信，当修行者身处开阔的山水之间，感受自然之美时，就能从中产生新的感悟。

在偏远的地方修行，古人的生活该如何保障？

对内心与自然的双重探索是千百年来人类面对的课题。在远离城市喧嚣的洞窟或者山里修行，恰恰契合了这种精神探索需求。在野外生活，一方面自然要降低自己的物质需求；另一方面则靠自己的亲友或雇主帮忙提供简易的食宿，如在窟中绘画的敦煌画师就要倚仗窟主提供简陋的饮食。

未生怨　榆林窟025窟　主室南壁　中唐（临摹）

桑落 帝日

寒露 三候，菊有黄华

"丈夫生世会几时，安能蹀躞垂羽翼？"
——《拟行路难十八首·其六》 南朝宋 鲍照

冠服制度

中国自古被称为"衣冠上国、礼仪之邦"，在"曲裾深衣、凤冠霞帔、长袍马褂"的背后，是古代冠服制度。

古代文武百官在穿衣规范（色彩及纹样）方面遵循着严格的要求。唐代百官的官服会以紫、绯、绿、青四种颜色确定官位的高低。三品以上官员用紫色，四品和五品用绯色，六品和七品用绿色，八品和九品用青色。除了颜色，唐代还制定了用纹样来区分文武官的礼制，如文官的官服绣禽鸟，武官的官服绣猛兽（这种做法就是明清官服补子的雏形）。

除了色彩和纹样，古代官员的重要道具还包括但不限于以下几种：

• 幞头：最常见的头部装饰物，由头巾演化而来，最重要的区别在于其幞脚的形状与长短。

• 革带：相当于今天的腰带，又称"蹀躞带"（蹀躞，来回小步走的意思），是古代官员标识身份的重要道具。腰带上有叫作銙的装饰物，按品级不同，分别用玉、金、银、铜、乌角等材料制作。

• 笏板：官员上朝时，手持的弯曲物体。文武大臣朝见君王时，双手执笏以便记录君命或旨意。

这些道具除了装饰，还有什么实际功能吗？

革带除了装饰，还可以用来悬挂器物，最多可达七件（如佩刀、针筒、火石等），可以说集装饰和功能于一体。朝见君王时，文武大臣可以将要上奏或对答的话记在笏板上，相当于随身带着的小本子。

天王　榆林窟 025 窟　主室北壁　中唐（临摹）

桑落 哲日

霜降 初候，豺乃祭兽

"黄沙百战穿金甲，不破楼兰终不还。"
——《从军行七首·其四》唐 王昌龄

铠甲武士

敦煌是河西走廊的交通门户，也是军事重镇。壁画中的护法，通常借鉴了现实世界中的将士形象。

其中给人们留下深刻印象的就是威风凛凛的铠甲。这里的铠甲既是一种防御护体装具，也是武士的身份象征。"铠"字中的"岂"意思为"鳞片状"，"金"与"岂"联合起来表示"用金属鳞片制成的战服"。

早期的铠甲通常由皮革制成，和盾牌一起使用，能够形成有效防护，抵御青铜兵器的攻击；战国以后出现了铁甲；即使在宋元出现了火器之后，铠甲仍然是防护装具的首选。

你看，左图敦煌壁画中的这位天王身着铠甲，可谓霸气十足。

为什么人们会给战马穿上铠甲？

"甲骑具装"，就是骑兵和战马均身着铠甲，这一战斗传统来自中亚，是重骑兵的标配，可以加强骑兵的防护性能和突击能力。但任何事物都有利有弊，客观上会减弱骑兵的机动灵活性。

耕种图 榆林窟 025 窟 主室北壁 中唐（临摹）

桑 明 落
日

霜降 初候，豺乃祭兽

"可怜身上衣正单，心忧炭贱愿天寒。"
——《卖炭翁》唐 白居易

百姓穿什么

由于阶层差别，中国古代对劳动者的服饰用色有明确要求，比如唐代平民不可穿着官服所用的紫色、绯色和绿色，更不用说被定义成皇家专用色的黄色了。因此，百姓们的服饰色彩选择实在有限。大多数情况下，老百姓只能穿自家纺织的素色粗麻布衣。而劳动者们更多考虑的是实际需要，多会选择简单轻便的服饰，常见的款式有大褶衣、半臂、短褐、缺胯衫、大口裤等。这样既节约布料，又便于日常的劳作。

古人的鞋子竟然不分左右？

鞋子分左右是今天的常识，但是这种生活方式出现至今应该不超过两百年。在古代，鞋子用动物皮或麻草编织而成，一般不分左右，使用上更加方便。

各国王子　莫高窟103窟　东壁　盛唐（临摹）

桑落 正日 霜降 初候，豺乃祭兽

"华戎所交，一都会也。"
——《后汉书》南朝宋 范晔

少数民族服饰

作为多民族的聚居地，敦煌有"华戎所交，一都会也"之美誉。唐代敦煌壁画中，常绘有四方来朝、万国朝贡的繁荣景象——那时的中国是世界上最为开放的国家之一。唐代敦煌壁画中，还有许多生动的"老外"形象，他们或是前来礼佛的各国王子，或是赶着骆驼、活跃在丝绸之路上进行贸易的异国商人。这些"老外"有回鹘人、吐蕃人、高句丽人、印度人、波斯人等，那么该如何分辨呢？

冠帽往往作为识别身份的第一特征，彰显着个人的民族和身份。

回鹘王的金镂冠，是皇室身份和地位的象征，代表了回鹘皇室的尊贵。

来自高句丽的使节会戴着象征武士勇猛的双鹖冠，上面插有鹖尾羽。

波斯的尖顶冠上会装饰珍珠，周边绣花纹。

吐蕃特有的头冠，是红色毡子制成的朝霞冠，还要系一条红色的抹额。

胡人究竟指的是什么民族？

就像"南蛮、北狄、东夷、西戎"一样，"胡"是中国古代对北方边地及西域各游牧民族的泛称，并不特指哪一个民族。"五胡"则指的是匈奴、鲜卑、羯、氐、羌这五个少数民族。

峨髻
花钗
衡笄
角梳

深衣
帔帛

石榴裙

翘头履

都督夫人　莫高窟 130 窟　甬道南壁　盛唐（临摹）

桑落学日

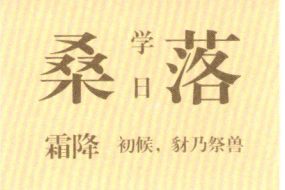

霜降 初候，豺乃祭兽

"风卷蒲萄带，日照石榴裙。"
——《南苑逢美人》 南朝梁 何思澄

唐代美人三件套

唐代女性以丰腴为美，此时流行的繁缛礼服和半臂长裙，可以更好地烘托微胖体态之美。

• 裙服。拖地的长裙，可以修饰女子的身形，具有代表性的色彩是红色和绿色（据说红色是由石榴花染成，故又称"石榴裙"）。贵族们身穿的裙服拥有宽大的衣袖，袖子里可以装各种小玩意儿（今天"袖珍"一词的原意就是能放在袖子里的宝贝）。

• 帔帛。类似围巾，是唐五代宋时期妇女流行的服饰配件。一条长帛巾搭在肩背部，两端绕臂下垂，就是"帔帛"，从隋代开始风行，到唐代逐渐变得华丽起来。唐代帔帛有两种：一种宽而短，多披在肩上，被称为"帔帛"；一种窄而长，从肩搭下缠绕于双臂，走路时飘摇似带，被称为"帔巾"。

• 翘头履。优雅的长裙穿起来虽然很美丽，但万一踩到裙摆摔倒怎么办？古人其实早就考虑到了这点，你仔细看他们的鞋子前面有一个高高竖起的护板，被称为翘头（很像官员上朝时用的笏板，又称笏头履），可以有效防止被衣裙绊倒，古人的智慧可见一斑。

莫高窟130窟《都督夫人礼佛图》壁画上的王氏夫人，身穿大袖襦裙，搭素色轻纱帔帛。及地齐胸裙巧妙隐藏了王夫人的身形。她在长袖衣外面套了件短袖上衣（又称半臂），是当时流行的混搭穿衣方式。

供养人身上的帔帛灵感从何而来？

帔帛这一装束，有可能来自萨珊波斯。当时女子身披的彩带就与唐代帔帛很像，可能是传入中土的风尚起源。在一路向东的传输过程中，帔帛和佛教艺术慢慢融合到了一起，后来也就成为佛像服饰中的重要部分。壁画中菩萨、飞天、力士等身披的仙帔，慢慢成为贵族阶层竞相佩戴的饰物。而帔帛的飘逸灵动之感更吸引了当时的少女们，成了爱美女子最喜爱的服饰。风动时帔帛随风飞扬，犹如敦煌壁画中的飞天那样美轮美奂。

插梳

簪

钗

女供养人头饰　莫高窟098窟　南壁　五代（临摹）

桑落

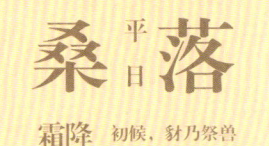

平日

霜降 初候，豺乃祭兽

"云髻峨峨，修眉联娟，丹唇外朗，皓齿内鲜，明眸善睐，靥辅承权。"——《洛神赋》三国魏 曹植

一簪二钗三步摇

你能想象吗，除了服饰，古代女性的发髻也是区分尊卑贵贱的重要标志。发型和衣冠不仅能增加仪容之美，也能体现身份和年龄，因此古代女性在发髻上大花心思。今天我们可以通过敦煌壁画看到古人发型和衣冠的大体情况。

古代女性的发饰有"一簪二钗三步摇"的说法：簪有一股，钗有双股，两者都是用来绾住头发的；而步摇则更为形象，是一种依附在簪钗上的发饰，垂在簪钗顶端，行走时就会摇曳晃动，所以叫作"步摇"。唐穆宗时，长安流行将各种珍贵材质的簪、钗、步摇插满一头，并给这种装扮起了一个骄傲的名字——"百不知"。

除了簪钗，古代女性发髻的中心位置往往还会插一把"梳子"，这是古代非常流行的发饰——"插梳"。插梳与笄、簪、凤冠、钗、华胜、钿、步摇并称为古代美妆界的"八大发饰"。随着女性发髻趋于高耸，发式趋于百变，女子头顶形成了一个珠翠满头的璀璨世界，处于中心位置的插梳成了时尚。

在敦煌壁画中，往往能看到当时的贵妇们，满头金雀钗、步摇，额头的正中横插着一把大梳。

这么复杂的妆容不浪费时间吗？

唐朝流行高耸的发髻和复杂的妆饰。但这些高耸的、吸引人的发髻，依赖自己的头发是很难做到的，所以发髻往往不是真的。唐代是一个假发流行的时代，贵妇们通过高耸的假发发髻表现夸张的发饰美，假发也便于日常的梳妆打扮。

敷铅粉 　　　　　　　抹胭脂 　　　　　　　画黛眉

贴花钿 　　　　　　　点面靥 　　　　　　　涂唇脂

唐代化妆步骤示意图

桑落 保日

霜降 二候，草木黄落

"当窗理云鬓，对镜帖花黄。"
——《木兰诗》南北朝 佚名

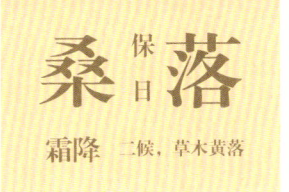

对镜帖花黄

说到面饰，我们都熟悉那句"对镜帖花黄"。古代贵族妇女在化妆这件事上，和今人一样会花费很多精力。

具体来说，这一流程包括"开额去眉、施蝉鬓、画蛾眉、敷铅粉、抹胭脂、涂唇脂、涂额黄、贴花钿"。

- 涂额黄：这种化妆方式据说起源于南北朝的佛教习俗。爱美的女性从涂金的佛像上受到启发，或把黄色的颜料画在额上，或将金黄色的纸剪成各式图案贴在额头上，久而久之形成风俗——额黄是当时女性必不可少的面饰。

- 画眉：唐代画眉之风非常流行，眉毛形状有柳叶眉、弯月眉、鸳鸯眉等。

- 抹胭脂：作为大名鼎鼎的古代化妆品，敦煌壁画中的女子多把胭脂涂在两颊部，呈蛋形。

- 涂唇脂：把唇脂涂抹在嘴唇上的方法据说源自先秦，不过到了唐代才因被女性垂青而流行。

- 敷铅粉：古人很早就发现用"铅粉"来美白的法子，但今天我们知道含铅的化妆品是有毒的。当时的女性为了美也是真的很拼。

为了画个眉毛，古人有多下功夫？

壁画中唐朝女子的额头往往占比极大，这不是天生如此，而是当时的审美观使然——拥有宽广的额头才算是美人。所以"开额去眉"是项必要工作：把额前的头发剃掉一部分，让额头更宽更饱满（看来今天的"发际线后移"在古代根本不是问题）；眉毛也要全部剃掉，这样才方便画各种样式的眉形。

供养人霓裳纹样

桑落 至日

霜降 二候，草木黄落

"供养十方三世一切众生。"
———供养偈

供养人——被画进壁画中的真人

敦煌石窟的赞助商——供养人，可以说是敦煌艺术真正的"幕后老板"。在石窟修建完成后，供养人能得到的唯一物质回报就是"被画进壁画中"。

在早期石窟中，供养人往往被画在画面的最底层和边角。因为在佛国信仰中，供养人即使出再多的钱，也不能和神佛相提并论。唐代之前，壁画中供养人和神佛的体形差别非常明显，当时的供养人形象尺寸只有20厘米左右；随着时间流逝，供养人的形象被画得越来越大，甚至超过真人；到了后期，供养人的形象和神佛几乎处在同样重要的地位。随着时代变化，供养人形象也从一个个模糊的人形渐渐变得越来越精美。

为什么会这样？从今天的视角看，一方面，因为"他们给的实在是太多了"；另一方面，早期供养人的出发点主要是"供养"，而伴随着世俗化的过程，能在历史上留名渐渐成了供养人的复合诉求。与壁画中的神佛形象不同，供养人是历史中真实存在的人物。敦煌画师对古代供养人的服饰、妆容的细致描绘，相当于给他们拍了张照片，从而为古代佛教研究、服饰研究等提供了接近真实的丰富珍贵的图像资料。

没有供养人，是不是就没有敦煌艺术？

供养人，是敦煌艺术的赞助商，是营建洞窟发起人之一。没有他们，就没有举世闻名的敦煌壁画。

于阗国王	于阗王后
回鹘王	曹议金
曹议金夫人	吐蕃贵族

桑落 神日

霜降 二候，草木黄落

"供养殷勤心不止。"
——《金莲出玉华》金 王丹桂

有哪些知名的供养人？

据统计，在莫高窟 11 个朝代的洞窟中，共绘制了 9 000 多身供养人画像，这些人物都有原型。让我们来看看哪些人最出名。

- 于阗国王：他崇尚汉文化，在政治制度和生活习惯上处处模仿当时的中原王朝。同时，他和曹氏家族达成政治联姻。由于身份尊贵，他在壁画中的供养像高达 2.82 米。

- 于阗王后：妻以夫贵。归义军节度使曹议金之女，后唐初年远嫁于阗国。

- 回鹘王：唐朝时在西北地区建立政权。10 世纪后期至 12 世纪初，世代居住在瓜州和沙州的回鹘部落形成强大势力，他们大规模兴建和重修敦煌石窟，因此在壁画中留下了丰富的回鹘人形象。

- 曹议金：沙州归义军节度使。沙州曹氏政权在统治过程中，持续奉行姻亲外交政策，世代与于阗、甘州回鹘通婚，结成同盟。

- 曹议金夫人：她不仅是曹议金夫人，也是甘州回鹘可汗之女，被称为"天公主"。敦煌壁画中，这位回鹘天公主在当时处于女性供养人的首位。曹氏为了与回鹘一直保持和平相处的局面，给予天公主很高的地位。

- 吐蕃贵族：8 世纪中叶吐蕃开始统治敦煌。吐蕃赞普的家眷及其他贵族女性和敦煌佛教艺术关系密切。

供养人中会有普通人吗？

除了这些历史上有头有脸的大人物，敦煌壁画中还有许许多多的普通人作为供养人的案例。他们一起集资或结社造窟（类似今天的"众筹"），这类集资者多为基层僧俗官员、城乡士绅、普通百姓等。有些窟的供养人多达数十人，甚至上千人，如修建于北周的莫高窟 428 窟中供养人画像多达 1 200 多身。

都督夫人礼佛图　莫高窟130窟　甬道南壁　盛唐（临摹）

桑落 圣日

霜降 二候，草木黄落

"都督夫人太原王氏一心供养。"
——莫高窟130窟榜题

《都督夫人礼佛图》

　　《都督夫人礼佛图》描述了都督夫人偕同家人盛装出席礼佛现场的场景，出行队伍浩浩荡荡多达十余人，是唐代供养人画像中规模最大的一幅。前三人一看就是主人，着装雍容华贵。通过榜题可知，这一位气场十足的女性是晋昌郡都督（这位都督可是朝廷的三品大员，位高权重）夫人王氏，紧跟其身后的是她的两个女儿。

　　唐代的太原王氏，地位显赫，是名门望族，民间有"天下王氏出太原"之说。这位王氏夫人是莫高窟130窟的主要供养人。正是在这位"土豪"的赞助下，130窟才得以成功修建。

　　值得一提的是，这幅《都督夫人礼佛图》原为西夏壁画所覆盖，20世纪40年代初期被人剥开。由于受到潮气侵蚀，色彩消退，原画受到严重破坏。现在我们看到的多为段文杰先生的临摹作品。

　　作为礼佛仪式的主角，都督夫人手捧香炉，身穿绣花衣裙，衣裙上的花纹繁复精美。这组供养人像颇有生活气息，人物四周添加了垂柳、萱花、曼陀花等，蜂蝶绕花飞舞，突破了以往整齐严肃的风格。

复原这幅《都督夫人礼佛图》有多难？

　　由于地仗层与岩面脱离剥落，这幅壁画已经变得模糊不清。段文杰先生根据当时看到的壁画状况，对比唐代同类壁画，查阅上百种有关古代服饰的文献资料，摘录了2 000多张卡片，才将都督夫人及其他女眷的服饰打扮一一考证清楚。经过反复研究和探索，段文杰先生对《都督夫人礼佛图》进行了大胆的复原性临摹，成功再现了这幅雍容华贵、富丽堂皇的"唐代丽人行"。

敦煌壁画临摹分类 P163

回鹘公主供养像　莫高窟061窟　东壁　五代（临摹）

桑与落

霜降 二候、草木黄落

"初至大国，待我甚厚，许嫁公主"
——《旧唐书·列传第一百四十六上·吐蕃上》后晋
刘昫 等撰

回鹘公主

归义军执政敦煌期间，回鹘同时扮演着"对手"和"朋友"的双重角色，而"联姻"成为双方维护关系的重要手段。

历史上被称为"回鹘公主"的不止一位。排在首位的"回鹘公主"是甘州回鹘可汗之女，嫁给了归义军节度使曹议金。

这位回鹘公主不仅是一位非常虔诚的佛教徒，而且开启了归义军政权与回鹘世代联姻的政治局面。这位回鹘公主生了两个女儿，长女嫁给了甘州回鹘可汗，次女嫁给了于阗国王李圣天。之后曹议金的亲戚——翟氏家族，又迎娶了公主长女所生的女儿。在敦煌石窟供养人榜题中，依据称呼习惯，将回鹘公主的女儿和外孙女都称为"天公主"。

从壁画中看到的回鹘公主供养像，头顶立冠，以叶片纹或花瓣纹为底座，头冠主体外缘简洁，形如尖桃。

如何分辨出回鹘公主？

回鹘公主最具代表性的特征就是"桃形冠"。在代表性的桃形金冠上插着代表其身份的步摇和钗，金冠用丝带系在头上。其锦袍和袖口的纹样主要有两种：一种是鹘衔花枝，是回鹘特有的民族图案；另一种是凤衔花枝，明显受到汉文化的影响。回鹘公主所着服饰的造型和色彩既保留着本民族的特色，又在纹样方面受到汉族审美文化的影响，体现了丝绸之路上多元文化的互动和融合。

归义军的传奇 P093

于阗国王李圣天供养像　莫高窟 098 窟　东壁　五代（临摹）

桑落 道日

霜降 三候，蛰虫咸俯

"大朝大宝于阗国王大圣大明天子。"
——敦煌莫高窟098窟榜题

于阗国王李圣天

于阗国是古代西域地区有名的佛教王国。由于毗邻佛教发源地印度，佛教经典传入我国十之八九要经过这里。

汉唐以来，执政于阗地区的王族是尉迟氏，曾协助唐朝平定"安史之乱"。图中这位于阗国王本名尉迟·散跋婆，他一心向往大唐，对唐朝极其忠诚，自称"唐之宗属"，于是干脆以唐朝国姓"李"为姓，直接改名为"李圣天"。

敦煌莫高窟098窟的李圣天供养像，是莫高窟发现的最大的君王画，高2.82米。可以看到，李圣天的冠冕服饰极具汉唐之风。这位于阗国王在敦煌壁画中可谓非常有名。除了以供养人身份入画，画师们还经常让他客串文殊菩萨面前的驭狮人，以此来凸显这位国王的虔诚。

于阗国王的形象为什么会出现在莫高窟中？

这要从于阗国王和归义军政权的联姻说起。莫高窟098窟是晚唐五代时期归义军节度使曹议金的功德窟，其实也是其家族窟；而李圣天娶了曹议金之女为王后，换言之，这位国王便是曹议金的女婿。由于其特殊地位和影响力，他和他的王后都被画在了曹家的功德窟中。

从昆仑奴到于阗王 P127

故新婦娘子翟氏供養 新婦娘子閻氏供養 姪女小娘子出適李氏 姪女小娘子出適氾氏

曹議金家族女供養人　莫高窟 098 窟　南壁　五代（临摹）

桑落 恩日

霜降 三候，蛰虫咸俯

"面若明月，辉似朝日，色若莲葩，肌如凝蜜。"
——《协初赋》东汉 蔡邕

新妇小娘子

敦煌莫高窟098窟，是曹氏归义军时期的代表性功德窟，为五代时期归义军节度使曹议金于914—924年营建的家族窟（因为有前文说到的于阗国王的高大画像，又被称为"大王窟"）。

左图中这几位美人都是归义军节度使曹议金家族的年轻女眷，因榜题中有"新妇小娘子"，所以常被人拿来当作"标准唐代新娘子形象"。

值得注意的是，这些美女的面部贴有多种花靥，服饰绘有花鸟缠枝纹等，为后世的服饰研究提供了丰富的资料。

为什么这些供养人的身高差异很大，相貌却看起来差不多？

在同一画面中，众位女性处于相同的空间位置，身材大小却不一。这可不能代表她们的真实身高，而是代表了她们不同的社会地位。地位、辈分越高的人就会被画得越高大。人物的榜题也证明了这一点，地位最高的人物是夫人翟氏，次之是夫人阎氏，重叠在一起的六位则是侄女。而关乎容貌的审美标准，大概率是因为当时的人们有统一的审美标准，所以画起来自然是千人一面啦。

对镜帖花黄 P047

058 / 059

女供养人　莫高窟009窟　东壁　晚唐（临摹）

桑落

霜降 三候，蛰虫咸俯

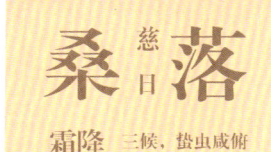

"绣罗衣裳照暮春，蹙金孔雀银麒麟。头上何所有？翠微匐叶垂鬓唇。"

————《丽人行》唐 杜甫

晚唐女供养人

  莫高窟009窟壁画中的这几位花团锦簇、艳丽照人的贵妇，戴着花钗冠，穿的是宽袖织锦衣和长锦裙，身披画帔，显现出晚唐时期贵族妇女的时尚。

  花钗冠是当时王妃、命妇所戴的礼冠，在头发上插金银珠宝镶嵌的花钗，以花钗数量区别尊卑。不过，唐制规定"一品官夫人用花钗九支"，而壁画中女供养人所用花钗竟然有十支之多。是画师疏忽所致，还是有意僭越？已不可考证。

  女供养人头上梳着百花髻（因发髻呈花朵盛开状而得名）。将梳子插入发髻，显露梳背，既可固定发型，也是一种时尚的装饰——"插梳"。当时流行柳叶眉，这种眉式尊卑皆宜。供养人的脖子上戴的是多重珠璎珞，这也是唐代贵族女性流行的颈饰之一。

  画面中，三位贵族女供养人站在华丽的毡毯上，服饰艳丽。她们的站位顺序严格遵循身份等级，站在毡毯上的三位供养人明显要比其他供养人地位高。身后的侍女们神态各异。

  第一位女供养人身后，有一个正在骑竹马的小男孩，这位应该是少公子。

古人平时也会这么浓妆艳抹吗？

  女供养人往往会在特殊的日子里"盛装"来到莫高窟，一来为了符合礼佛仪式中对服饰的要求，二来谁不珍惜人生中为数不多的被画在墙壁上的机会呢？！

竹马童年 P027

060 / 061

侍女　莫高窟130窟　甬道南壁　盛唐（臨摹）

桑落
顺日
霜降 三候，蛰虫咸俯

"脸若银盆，眼似水杏，唇不点而红，眉不画而翠。"
——《红楼梦》清 曹雪芹

敦煌侍女图

供养人像中还有一种特殊的存在，就是站在主角身后的那些年轻侍女。出于社会地位的考量，这些侍女大多会挤在一个角落里，身材小于主家，以免抢了主人的风头。

这些侍女梳单髻或双髻，穿着圆领长袍，帛带束腰，手里拿着香或花等供养器物。（五代以后王公贵族家的侍女所穿的衣衫多为男式，这样穿着方便劳作和骑乘，所以看上去颇有几分女扮男装的意思。）她们虽然装束朴素且不施浓妆，但是由于年轻，更多体现出"丰肌腻体"的特点，透过画面也能感受到那份青春气息。

都督夫人身后这几位侍女，动作和面容神采各不相同：有的捧着花，有的端着水瓶，有的用纨扇抵着脸颊，时而窃窃私语。画师创造出既严肃又带有几分活泼的气氛，塑造了形象生动、性格鲜明、生机蓬勃的唐代美人群像。

侍女们为什么也能出现在供养人像中？

侍女们是否真的出了钱来资助石窟？这是一个需要讨论的话题。而作为主角的女供养人深知，"红花还需绿叶配"，她们的目的则是借侍女来突出自己的装束和显赫地位。

《都督夫人礼佛图》**P053**

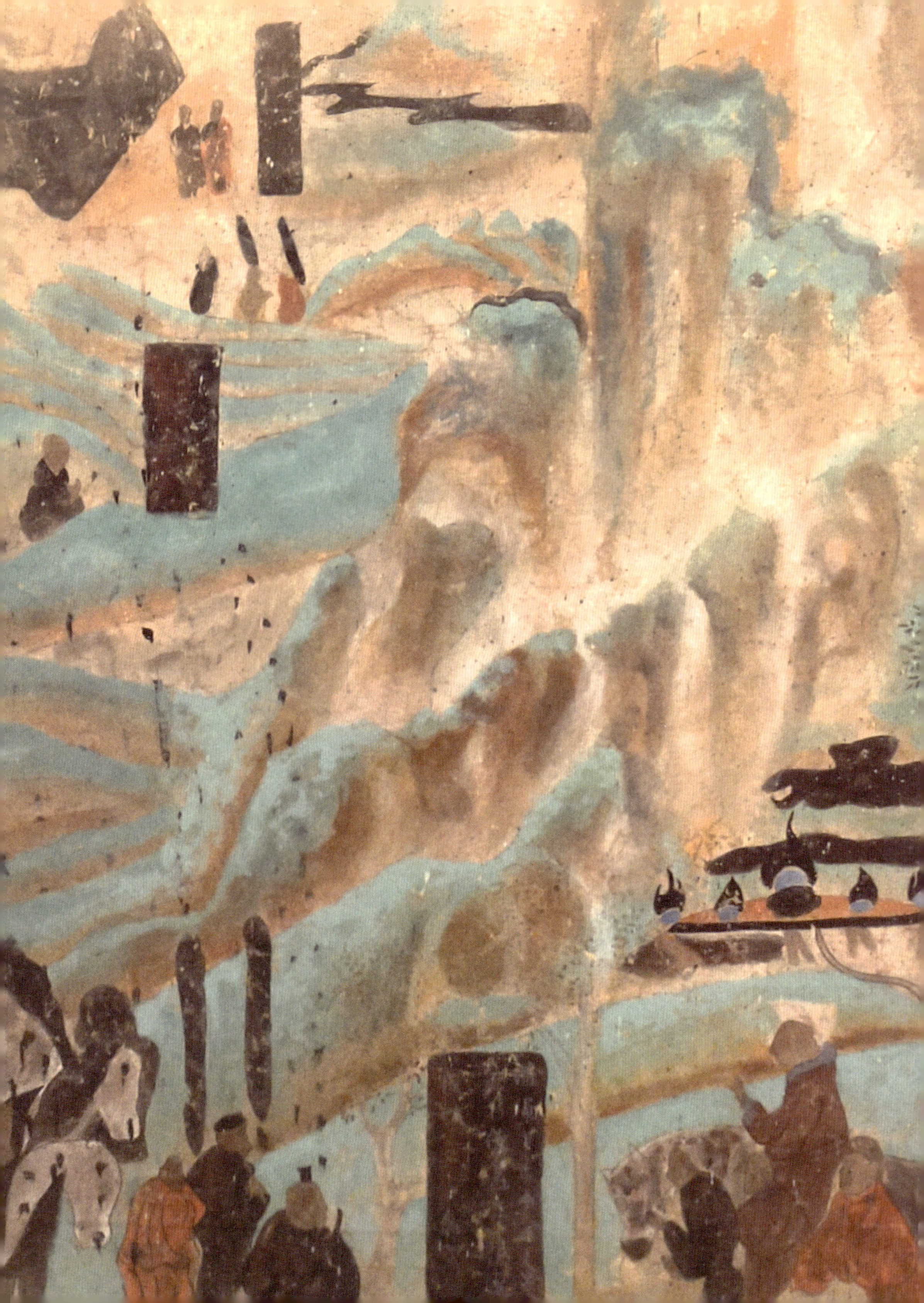

千古丝路

霜华

霜薄花更发,
冰轻叶未凋。
——(唐)宋之问《灵隐寺》

河西走廊—丝绸古路—丝路文脉

丝路贸易驼队　莫高窟 296 窟　北披　北周（临摹）

千古丝路

"如果敦煌是个点，更重要的是注意到这个点所在的那条线。"

作为沙漠绿洲上的交通要冲，敦煌同时也是艺术、宗教、文化的交流枢纽。

- 在艺术方面，敦煌是中西艺术融合和创新之地。画师在敦煌创造出了飞天这一全新形象，西域的佛教美术通过丝绸之路传入中国，经过汉化以后又回流至敦煌。
- 在宗教方面，敦煌不仅是佛教传入和融合之地，也是其他宗教（如景教、祆教、摩尼教、苯教等）和谐共存之所。
- 在文化方面，作为文化交汇之处，敦煌将西域和中原文化融会贯通。在敦煌文化中，我们不仅可以追溯中原文化的踪迹，也能找到波斯和地中海文明的痕迹。

敦煌展现了前所未有的包容性和开放性。这种立足本土、面向全球的气度，在唐代就高度成熟，并在中国历代王朝中得以体现，也将给当代以启示。

三兔莲花纹藻井　莫高窟407窟　窟顶　隋代（临摹）

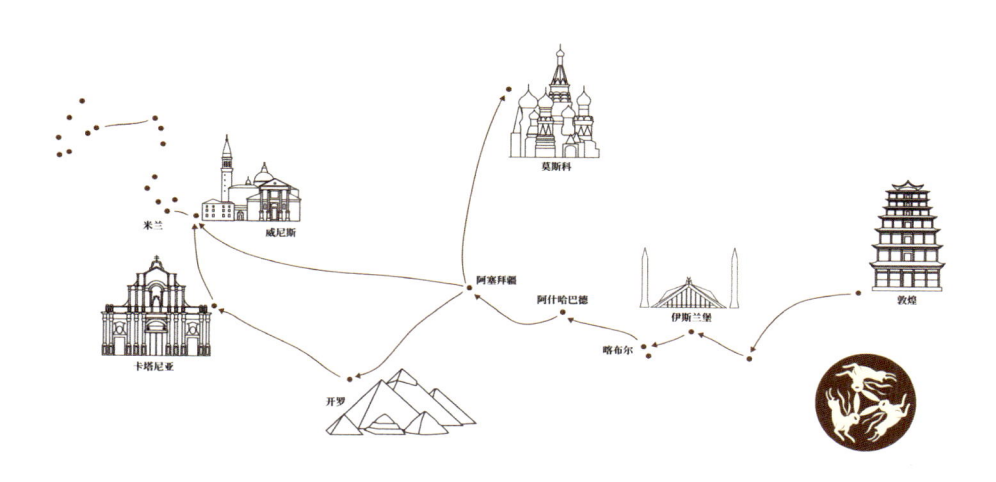

"三兔共耳"图案传播路径

霜华
元日
立冬 初候，水始冰

"天地与我并生，而万物与我为一。"
——《庄子·内篇·齐物论》

神秘的"三兔共耳"图腾

在敦煌众多精美绝伦的藻井中，有一类构思巧妙、生动形象的主题——"三兔共耳"，给人们留下了深刻印象。画面中央有三只循环追逐的兔子，它们共用的三只耳朵恰好构成一个等边三角形；这三只兔子首尾相连，围绕着中心点进行回旋奔跑，形成永无止境的追逐态势。莫高窟现存有"三兔共耳"图案的洞窟共有18个，最早出现于隋代，消失于五代。

"三兔共耳"这一文化图腾在历史上有着诸多诠释。

- 《道德经》中有"道生一，一生二，二生三，三生万物"的"三生"说法，"三兔共耳"象征着生生不息。
- 《佛本生经传》中记载，兔是佛本生之一，三兔分别代表着"前世"、"今生"和"来世"，三兔相逐代表着三世轮回。
- 《易经》中的卦象——泰卦代表"三阳"。三阳开泰有吉祥亨通之意。在传统图案中"三阳"通常被谐绘成三只羊的形象，但因避讳隋代皇帝的姓氏杨，画师将羊改为兔子的形象。

在长期历史演变中，中国传统文化、佛教文化与其他文化相融合，通过"三兔共耳"这一文化图腾，表达了人们对多子多福、健康长寿、转生轮回的美好祈愿。神奇的是，这个视觉符号竟然能相隔万里、跨越千年，出现在了欧洲教堂的彩绘玻璃与屋顶浮雕中、寺院的石雕与金属圣器上，以及蒙古铜币和埃及、叙利亚的彩陶上。

"三兔共耳"的源头是哪里？

2006年，三个英国人开始寻找"三只野兔"这个神秘图案的出处。他们花费多年时间，一路东行，终于在敦煌找到了三兔图案的源头。敦煌壁画中清晰的藻井图案使他们得出结论，"三兔共耳"图案是印在布料上经由中国传入欧洲的。正是借助1 000多年前的丝绸之路要道，"三兔共耳"图案将东西方世界打通，成为一种具有普遍意义的人类文化图腾。

2 三兔共耳——最有名的藻井 P171

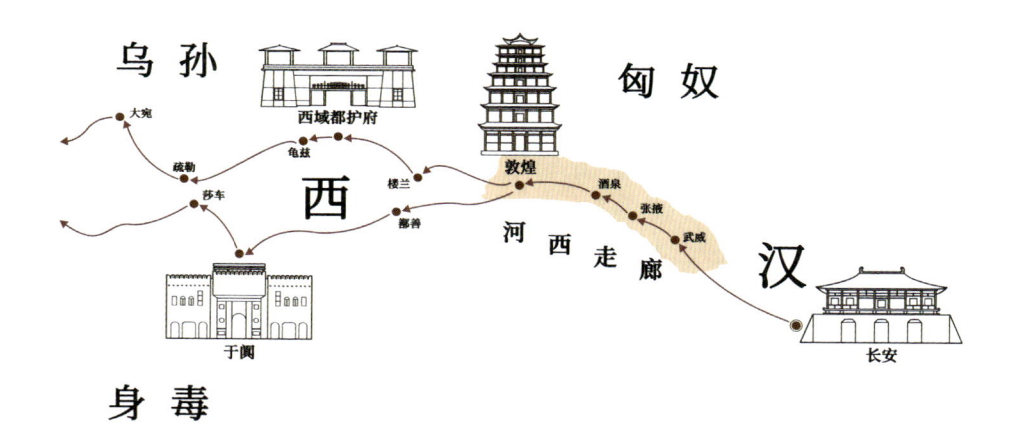

河西走廊在丝绸之路中的位置（西汉期间）

"无数铃声遥过碛,应驮白练到安西。"
——《凉州词》唐 张籍

河西走廊——"陆上马六甲"

从全球视角审视,中国的地理环境显得尤为独特。蒙古高原与青藏高原如同两道巨大的天然屏障,在一定程度上限制了中华文明与外界的直接交流。这一独特的地理构造,一方面孕育了辉煌的农业文明,另一方面也使得中原政权长期以来形成了以自我为中心的世界观,自诩是"世界中央之国"。

数千年来,中国的历史在某种程度上可被视为中原农耕民族与北部游牧民族间的交流互动史。以 400 毫米等雨量线为界,其南为肥沃的农耕区(即我们所熟知的中原);其北则为广袤的畜牧区,居住着诸如匈奴、突厥、契丹、蒙古和女真等游牧民族。

河西走廊,位于祁连山脉与阿拉善高原之间,东西横亘约 1 000 公里,南北宽度不一,因其形态而得名。这里不仅是蒙古高原与青藏高原的交会之地,更是中原通向新疆及中亚的重要交通枢纽,地理位置举足轻重。这条被两座高原夹峙的陆上通道,肩负着中国与外界交流的历史使命,被誉为"东亚陆上马六甲海峡"。

如何理解河西走廊在中国历史中扮演的角色?

作为连接农耕区、蒙古高原和青藏高原的唯一通道,河西走廊作为军事要地,易攻难守。一方面,穿越河西走廊,才能突破地理限制,与外界文明交流;另一方面,只有守住河西走廊,才能有效抵御游牧民族的侵扰。历史上,中央政权对河西走廊的控制力,往往是国运兴衰的晴雨表。如唐朝以河西走廊为基地,与突厥抗衡,与吐蕃角逐;而北宋未能收复河西走廊(当时被西夏占据),成为国力衰微的象征。

彩绘"关"字瓦当 汉代 洛阳博物馆藏
摄于"驼铃声响——丝绸之路艺术大展"

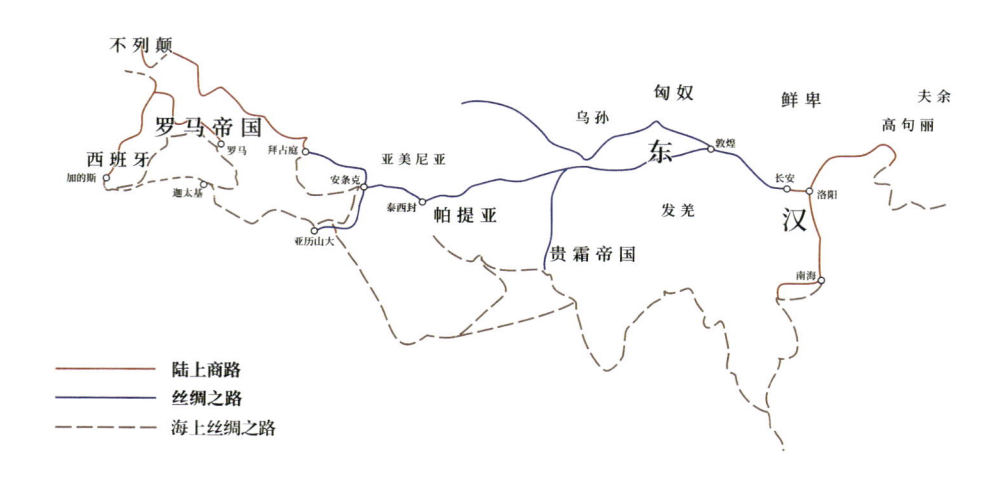

东汉时期丝绸之路上的国家

> "又常利得中国丝，解以为胡绫，故数与安息诸国交市于海中。"
> ——《魏略·西戎传》 三国魏 鱼豢

汉代同期帝国

大致了解一下古代活跃在丝绸之路上的大帝国或政治势力，会让我们更好地了解丝绸之路发展和敦煌艺术孕育的时代背景。

前2世纪至2世纪，与汉代同时期的帝国包括以下三个：

- 罗马帝国（中国史书称之为"大秦"），是以地中海为中心，跨越欧、亚、非三大洲的大帝国。
- 贵霜（现阿富汗地区），由月氏后人建国，曾存在于中亚和南亚的古代强国（约1世纪至3世纪）。对佛教艺术影响深远的犍陀罗艺术即产生、发展并成熟于此。
- 安息（中国史书对帕提亚帝国的称呼），强盛时其版图包括伊朗高原、亚美尼亚和两河流域的部分地区。是古代丝绸之路上的重要枢纽，后被萨珊波斯取代。

历史学家考证，正是因为2世纪全球温度较为恒定，农业生产稳定，人口增长，社会稳定，带来了人类文明的繁荣，在丝绸之路上一字排开了汉、贵霜、安息、罗马四大国家（而随着3世纪寒冷纪元的到来，这些文明陆续走向衰亡）。

丝路两端的罗马和汉朝分别知道对方的存在吗？

因为丝绸贸易，古罗马大体知道在东方有一个"丝国"，但是存在着各种误会，比如罗马人会误解生产丝绸的是阿拉伯人；当时的汉也知道罗马的存在（"大秦"的意思是另一个伟大的中国），古代中国人意识到罗马的统治规模应该和中国相当。东汉的甘英更是远行到了今天的红海地区，不过可惜的是，由于安息水手的阻碍，他放弃了亲身前往罗马的念头。

胡商遇盗图 莫高窟420窟 东披 隋代

> 霜 庚 华
> 立冬 初候，水始冰

"上下山阪，出入溪涧，中国之马弗与也；险道倾仄，且驰且射，中国之骑弗与也；风雨罢劳，饥渴不困，中国之人弗与也。"
——《汉书》东汉 班固

汉早期的"和平"策略

汉武帝时期，汉军在卫青和霍去病的率领下，深入沙漠地带，成功击败匈奴，从而实现了对西域地区的全面控制。

而在更早期的汉高祖统治时期，汉朝曾对匈奴采取了长期怀柔政策，通过和亲与贸易手段以求得和平。

当时，匈奴骑兵频繁侵扰中原，掠夺农产品与手工艺品。为消除此威胁，汉高祖曾发动大规模军事行动。然而，由于汉军以步兵为主，缺乏强大骑兵的支援，在追击匈奴的长途行军中，面临装备与补给上的重重困难。因此，汉高祖认识到，在缺乏优质马匹等军事资源的情况下，汉军处于劣势。

正是理性地意识到长期战争的代价太大，汉朝政府（汉文帝时期）开始实施"关市"政策（即在边关地区设立交易场所），匈奴人可在此用羊毛、马匹、玉石等物品交换中原的丝绸、小麦、盐铁等商品。

汉朝的关市策略是否可被视为一种"主动示弱"？

用和平与贸易取代战争，体现了古人的卓越政治智慧：一旦双方建立了经济联系，汉朝便能通过停止或限制对匈奴的交易来施加某种压力。历史证明，关市确实成为当时双方实现战略利益和谈判的关键。

汉武帝的良苦用心——汗血宝马 P081

张骞出使西域图　莫高窟 323 窟　主室北壁　初唐（临摹）

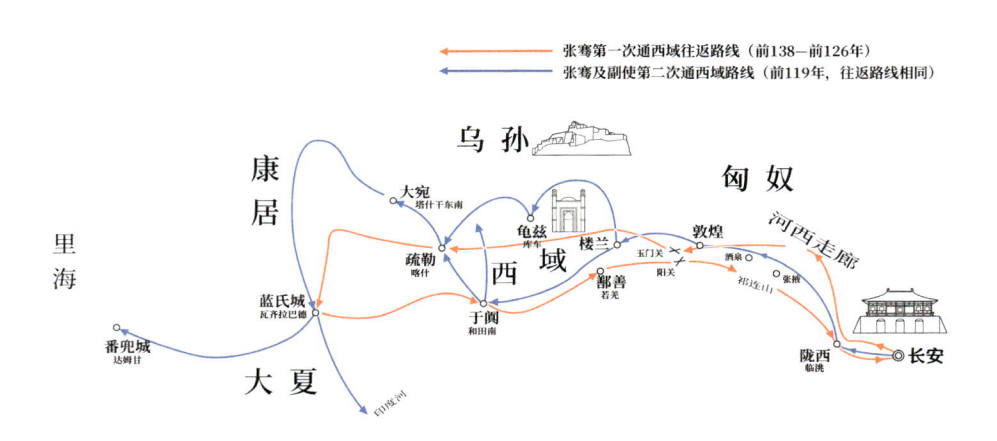

张骞出使西域路线图

> "天子既闻大宛及大夏、安息之属皆大国，多奇物，土著，颇与中国同业，而兵弱，贵汉财物；其北有大月氏、康居之属，兵彊，可以赂遗设利朝也。"
> ——《史记·大宛列传》汉 司马迁

张骞"凿空"西域

没有张骞出使西域，就没有丝绸之路的开辟，自然也就不会有敦煌的盛世。因此"张骞凿空西域"是中国历史上极为重要的外交事件。

史书记载，张骞出发的起因是汉武帝即位，正值匈奴猖獗，汉武帝希望寻觅使者出使西域，寻找盟友（或者和汉军协同作战，或者为之提供宝马）来共同抗击匈奴。

当时的汉朝并不知道月氏向西撤退到了哪里，于是派张骞使团前往西域寻找"老朋友"。张骞出使西域的旅途并不顺利，中间被匈奴多次俘虏。但是他脱困后没有选择放弃，而是继续完成自己的使命。

张骞出使西域并未能完成汉武帝联合月氏夹攻匈奴的初愿，但使得当时的汉政权有了一个更为重大的发现：这个世界其实很大，汉朝一直认为的"天下"不过是世界的一个区域而已。长安以西不仅有河西走廊，还延展着包括数十个国家的西域地区，翻越葱岭之后还有着更广阔的天地。

这一趟旅途，以长安为起点、途经甘肃、新疆，抵达中亚、西亚，连接了地中海各国，张骞开辟出一条伟大的陆上贸易通道——丝绸之路。这条通道横贯东西，推动了东西古代文明的贸易往来和文化交流。

《张骞出使西域图》的另类解释？

关于这一段历史，敦煌壁画中还存在一种非官方的诠释：张骞此行的初衷在于将佛教传入中原。据传，在汉武帝统治时期，霍去病大败匈奴并夺取了两尊金人。由于汉武帝对这两尊金人的来历不甚了解，遂派遣张骞前往西域的大夏国以探询金人的由来。最终，张骞确认了这两尊金人实际上是佛像。然而，后世学者经过考证，认为这一说法很可能是当时的佛教徒为了提升佛教地位而刻意提出的，意在表明佛教是由官方引入的。

翼马　榆林窟010窟　西披　西夏（临摹）

霜华 甲日
立冬 二候，地始冻

"明犯彊汉者，虽远必诛。"
——《汉书》东汉 班固

汉武帝的良苦用心——汗血宝马

在将西域纳入中原版图的过程中，汉武帝是最关键的人物。

之前，汉王朝对匈奴一直采取怀柔政策；而汉武帝即位之后，便启动了全力和匈奴作战的新篇章，数十年内多次作战，彻底把西域收入囊中。

• 前138年（建元三年），汉武帝派遣张骞前往河西走廊，寻找大月氏作为夹击匈奴的策应，从而"凿空"西域。

• 前121年，汉武帝任命霍去病为骠骑将军，举全国之力一举扫荡河西走廊的匈奴部落，后来陆续在河西走廊设立四郡——酒泉郡、张掖郡、敦煌郡、武威郡。

• 前119年，卫青和霍去病各率五万骑兵北伐匈奴，卫青全歼匈奴单于主力部队，霍去病饮马瀚海、封狼居胥。

• 前104年，以寻找汗血宝马为借口，汉武帝任命李广利为将军，远征遥远的葱岭附近的大宛。经过两次出征，大宛臣服，汉武帝获得了心心念念的汗血宝马。

当时的汉武帝为什么要劳民伤财，远征大宛？有一种说法是为求长生不老，和秦始皇派徐市东渡一样，汉武帝迷信修仙，认为自己需要驾驭天马方能得道成仙。而更多学者相信汉武帝的真正意图：通过征伐大宛来威慑西域周边国家，从而彻底把西域收入囊中。

把这些史实联系在一起，可以看到汉武帝数十年征服西域的良苦用心。

汉武帝对西域的征服带来了哪些客观影响？

从此，河西走廊成为中国不可分割的一部分，敦煌作为汉王朝经营西域的重镇登上了历史舞台。中原不再担心北方匈奴的侵扰，极大削弱了草原民族对中原的威胁；更保障了丝绸之路的畅通无阻。从全球历史的角度来看，西域传入的外来物产和文化（如乐舞等）开始成为中原生活的一部分，中国正式融入整个世界的发展进程中。

张骞"凿空"西域 P079

玉门关遗址

霜华 乙日

立冬 二候，地始冻

"秦时明月汉时关，万里长征人未还。"
——《出塞二首·其一》 唐 王昌龄

西部长城

在古诗中，玉门关常被视为长城西端起点，而"关外"则代表着中原文明以外的遥远地域。

长城——这一宏伟的建筑，长久以来被视为农业文明与游牧文明对峙的产物，它承载着"隔绝"与"防御"的双重功能。秦朝之前，各诸侯国为了抵御匈奴的侵扰而修筑长城；秦始皇统一六国后，将这些长城连成一体，并构筑了包括墩堡和烽火台在内的完整防御体系；汉朝在设立河西四郡之后，继续将长城向西扩展，从酒泉一直延伸至玉门关。

然而，除了防御功能，西部长城还兼具辅助贸易和交通的作用。你会发现西部长城与古老的交通线有着高度的重合：汉代的驿道大多沿着长城而建，长城往往位于北侧，而驿道则位于南侧。长城仿佛成为驿道的屏障，在烈日之下，过往的商旅可以在长城的庇护下行走或休息。尽管利用长城遮阳并非建设者的初衷，但对于和平时期的行旅者而言，这无疑是一项极为实用的功能。

长城为驿道提供了严密的保护，但有时驿道也会偏离长城较远，直接连接城镇，这是因为戈壁地区的交通还必须考虑水源等其他因素。例如，汉朝在敦煌地区设立的接待将士和各国使者的驿站——"悬泉置"。作为目前保存下来的最古老的官方邮驿机构，它之所以得名，是因为靠近一处甜水井的悬泉。

东西部长城看上去似乎差异挺大？

在我们的印象中，东部长城表面大多是由砖石砌成，西部长城多为夯土墙，两者表面差异显著。这是由于长城途经不同的地区，建筑方式需要"因地制宜，就地取材"，比如西部长城的城障多用黄胶土垒筑，墙体采用天然红柳、芦苇枝干为筋骨，一层红柳、一层沙砾层层叠压而成。

历史上的龟兹古国

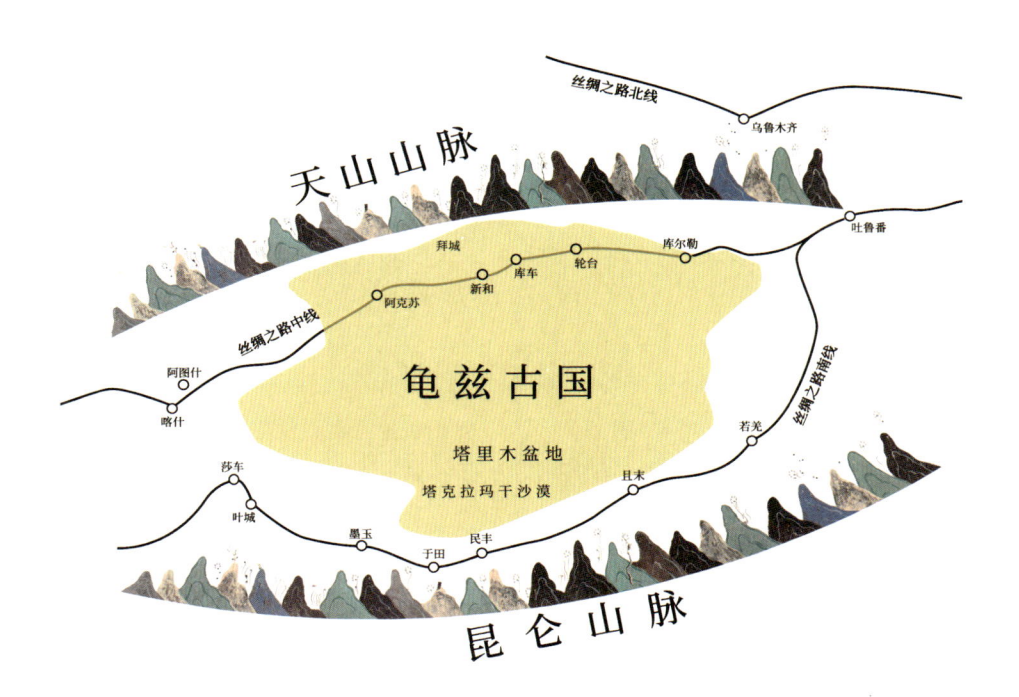

霜华

立冬 二候，地始冻

"龟兹舞，龟兹舞，始自汉时入乐府……衣冠尽得画图看，乐器多因西域取。"

——《龟兹舞》北宋 沈辽

绿洲王国——龟兹古国

自敦煌启程，向西延伸的丝绸之路分布着多条路径，沿途散布着一系列绿洲城市。这些绿洲得益于周围高山融雪的滋润，为过往的商旅提供了休憩的场所。

龟兹国（位于现今新疆地区），是古代西域一个重要的绿洲王国，曾是西域政治、军事、经济和文化的中心，例如汉代的西域都护府便设立于龟兹。佛教传入龟兹后，至三国两晋时期，得到了显著的发展，据史料记载，当时龟兹地区拥有超过千座佛教寺塔，成为佛教的重要中心。龟兹石窟（克孜尔石窟）是中国最早的石窟之一（早于敦煌莫高窟），洞窟类型多样，包括中心塔柱窟、大像窟等。值得一提的是，与玄奘齐名的杰出翻译家——鸠摩罗什，便出生于龟兹国。

在《割肉贸鸽》壁画中，我们可以观察到当时龟兹国女性的装束。龟兹服饰与中原汉装风格迥异，其整体样式和图案深受波斯文化的影响，展现出较为开放的着装风格。

龟兹对中原文化是否有所影响？

事实上，龟兹与敦煌一样，作为丝绸之路横跨欧亚的重要枢纽，展现了多元文化交融的特色，同样对东方世界产生了深远的影响。以龟兹乐舞为例，它代表了西域文化艺术的巅峰，风靡中原，并远播至朝鲜半岛和日本。

灯楼　莫高窟 220 窟　主室北壁　初唐

霜华

立冬 二候，地始冻

"初入三春，新逢十五；灯笼火树，争燃九陌；舞席歌筵，大启千灯之夜。"
——敦煌遗书

敦煌到底有多繁华？

据传，在晚唐时期的敦煌民间，上元节之夜，点燃灯火的习俗极为盛行，呈现出一片火树银花、九陌连灯影的盛况。甚至有人言称，敦煌的灯会盛况仅次于当时的都城长安。这不禁令人略感惊异：地处西北边陲的敦煌，其经济繁荣程度究竟如何？

这种现象不禁让人回到初次观赏敦煌壁画时的疑惑：敦煌，位于西北边疆，充其量不过是古代文明的边缘地带，何以当地居民能够创造出如此灿烂的文化成就？要正确理解古代敦煌的地位，我们不能以现代的视角来评断。

在汉唐时期，敦煌作为丝绸之路上的关键通道，是佛教及其他外来文化传入中原的重要枢纽。千百年来，汉文明与古印度、古希腊、西域等多元文明在此交汇融合，不仅促进了商业的繁荣，也孕育了丰富的文化和艺术成果。

敦煌壁画中对燃灯盛况的描绘，无疑是这一繁荣景象的最佳见证。例如，在莫高窟220窟北壁的《药师经变》画中，就出现了与乐舞场景相配合的大型灯具，它们以灯轮和灯楼的形式展现。其中，画面中央的九层灯楼尤为引人注目，它建于水池中央，通过虹桥与陆地相连，是敦煌壁画中所描绘的最大型灯楼，生动再现了当年燃灯盛况的宏伟与奢华。

敦煌文明何以保存至今？

作为繁华的边境贸易城市，敦煌在宗教和文化方面拥有自己的特色，但与中原都城等当时的经济中心还是有相当的差距。然而，当都城因战乱而遭破坏时，"礼失而求诸野"，地处边陲的敦煌反而因为特殊的自然地貌和历史条件得以较好地保存，为后世留下了研究古代文明的重要线索。

1 灯树千光照 P231

大食   西突厥   回纥

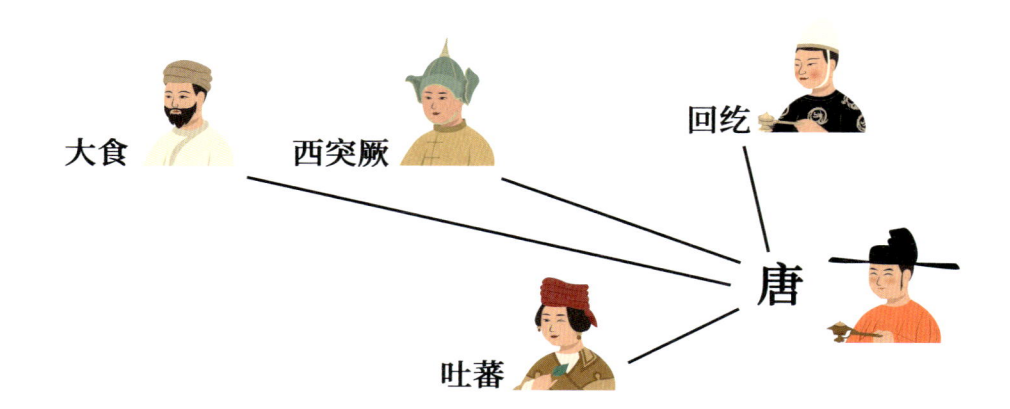

唐

吐蕃

唐朝与周边政权

霜华 辛日
立冬 二候，地始冻

"宅兹中国"
——青铜器何尊铭文 西周

唐朝与周边政权的关系

"中国"一词已知最早出现于西周早期的青铜器铭文中。就古代地理概念而言，"中国"意思是"居于天下之中"。

汉唐时的中国人，其实就已经知道了周边还有许多和中国相似的政权（或势力）。比如7—10世纪，唐周边的政权（或势力）大体情况如下：

• 吐蕃——7世纪时，松赞干布统一青藏高原后建立起强大的吐蕃国。吐蕃和唐的第一次"亲密"接触以战争开始。著名的文成公主入藏，为藏区带去了和平和中原先进的农业、手工业技术。安史之乱后，吐蕃乘机占据了敦煌在内的河西走廊。

• 回鹘（初称回纥）——助唐平定安史之乱，抵御吐蕃对西域的进攻，和唐王朝保持着紧密的政治、经济和文化往来，大唐常在边境与其进行马匹和丝绸贸易。

• 突厥——突厥替代柔然成为北方草原的霸主之后，分为东西突厥，是当时唐朝的主要对手。

• 阿拉伯帝国（又称大食）——在不断扩张中，与唐王朝爆发了著名的怛罗斯之战。

作为西域重镇的敦煌，三百年里不仅见证了唐王朝的兴衰，也见证了唐王朝与周边势力的争斗和融合。

如何理解"中国文明"这一概念？

历史证明，中国之所以为中国，并非基于对单一民族身份的认同，而是源于对数千年中国文明的认同。因此，中国文明的概念不只包括中原的汉族文明，也涵盖了和诸多周边民族的融合。敦煌无疑就是这一观点的最好证明。

回鹘王礼佛供养像　莫高窟409窟　东壁　五代（临摹）

霜 官 华
立冬 三候，雉入大水为蜃

"以马一匹易绢四十匹，动至数万马。"
——《旧唐书·列传第一百四十五·回纥》后晋 刘昫 等撰

消失在历史中的回鹘

在西域历史上，曾短暂出现过一个民族政权——回鹘。

回鹘，初称回纥，605 年为反抗突厥而与仆固、同罗、拔野古等建立联盟，总称回纥。744 年灭后突厥汗国，取得了对漠北草原的统治权，建立回纥汗国，疆域东起今额尔古纳河、西至今伊犁河流域（相当于今天蒙古国和唐努乌梁海地区、贝加尔湖、我国新疆北部区域）。

与其他北方游牧民族不同，回纥与中原的唐王朝一直保持着不错的关系，主要表现为 接受册封、军事援助与和亲。

安史之乱爆发后，回纥响应唐王朝的请求积极出兵，最终助唐平定了安史之乱，与唐皇室世代联姻。因为有了这样的战功，回纥几乎每年都会用马匹（溢价）换取唐朝的丝绸和茶叶。由于交易量极大，回纥发挥丝绸之路枢纽优势，把用不完的丝绸远销至中亚和欧洲，因此获利颇丰。

788 年，回纥首领上表唐德宗，奏请改名为"回鹘"，取"回旋轻捷如鹘"之义，象征着他们的机敏，并获得许可。

因为归义军曹氏政权与甘州回鹘的姻亲关系，今天我们在莫高窟归义军的功德窟中会看到大量回鹘供养人的形象。

回鹘如何消失在历史长河中？

840 年，回鹘被外族击败，分散至各地。一部分南下融入华北汉人；一部分留在甘州和沙州地区，建立了甘州回鹘和沙州回鹘；其他部分则西迁至天山和七河流域，与当地的突厥语民族相融合建立了黑汗王朝。在吐鲁番地区，回鹘人和粟特人、汉人、其他突厥部落杂居在一起，相互学习，实现了文化的交融。也有历史学家认为，甘州回鹘被西夏击溃后或融入汉族，或隐入祁连山，演化成今天甘肃省的裕固族；西迁的回鹘则在新疆地区经历了多个世纪的民族融合后，最终融入维吾尔族。

回鹘公主 P055

张议潮统军出行图 莫高窟 156 窟 甬道南壁 晚唐

霜华 癸日
立冬　三候，雉入大水为蜃

"河西沦落百余年，路阻萧关雁信稀。赖得将军开旧路，一振雄名天下知。"

——《张淮深变文》佚名

归义军的传奇

归义军政权，是中国历史上少见的游离在中央政权外的汉族地方政权，是由唐朝册封的正式藩镇。归义军政权势力极盛时期，一度收复了瓜州、沙州、甘州、凉州等州。归义军政权延续了150来年，不仅保障了丝绸之路的和平，也维护了敦煌和中原王朝的联系和互动。

这个立足敦煌、心向中原的百年传奇政权——归义军，发展大体可以分为两个时期。

- 张议潮创建归义军。安史之乱后，吐蕃夺取了凉州、甘州、肃州及沙州（即今敦煌）。848年，当地豪族张议潮一举赶走吐蕃守将，之后遣使向唐王朝告捷。851年，为了表彰张议潮的战功，唐宣宗特赐"归义军"军号，任张议潮为归义军节度使。

- 曹议金延续归义军。如果说张议潮开创了归义军，那么曹议金则是延续归义军政权的关键人物。910年，张承奉（张议潮的孙子）因不愿臣服篡夺唐朝皇位的朱温，自立"西汉金山国"。数年后张承奉去世，曹议金被敦煌军民推举为首领。曹议金意识到：缺乏实力，和强邻敌对是不理智的。于是，接管了沙州之后，他做的第一件事就是恢复归义军称号，自称"归义军节度使"（史称"曹氏归义军"）；终于在924年得到官方认可。不仅如此，曹氏家族通过与敦煌的大家族及周边少数民族政权进行政治联姻，有效地缓解了归义军政权晚期面临的内忧外患局面，从而续写了归义军传奇。

如何评价张议潮和曹议金的不同策略？

张议潮创建了"归义军"，寓意"因义而一心归顺大唐"，这是因为在和强邻的战斗中，以大唐为旗帜是一种非常有效的策略，更能够赢得人们的情感认同。曹议金采取了柔和的态度（其中最重要的一项就是"政治联姻"）来改善与周边民族和政权的关系，以此换取休养生息的时间。可以说，这两种策略都是符合当时局势、行之有效的理性选择。

归义军时期的敦煌艺术 P015

"一带一路"经济带示意图

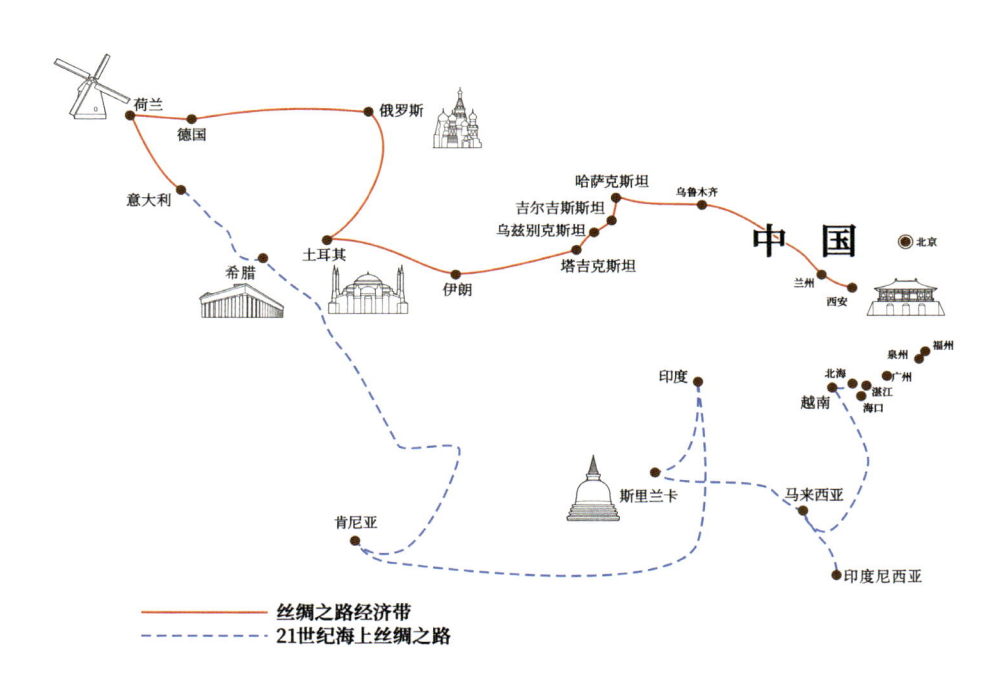

"文明因交流而多彩，文明因互鉴而丰富。"
——2014年3月27日习近平主席在联合国教科文组织总部演讲

一条具有世界历史意义的通道

自张骞"凿空"西域以来，历经1 500多年直至明代，丝绸之路一直承担着内地与西域、中国与亚欧国家之间物产、文化和政治联系的重要使命。丝绸之路，可以说是一条具有世界历史意义的通道，联结着世界上最古老的文明国家——中国、印度、埃及。丝绸之路所经过的地区出现过罗马、波斯、马其顿等跨亚、非、欧的世界性大帝国。在丝绸之路之要冲，产生了佛教、伊斯兰教等影响亿万人的宗教。中国的四大发明也经由丝绸之路流传到全世界。

"一带一路"是"丝绸之路经济带"和"21世纪海上丝绸之路"的简称，2013年由中国提出，旨在借用"古代丝绸之路"的历史符号，高举和平发展的旗帜，积极发展与沿线国家的经济合作伙伴关系。"一带一路"贯穿亚欧非大陆，一头是全球最为活跃的东亚经济圈，一头是高度发达的欧洲经济圈，中间广大腹地国家经济发展潜力巨大，可以称得上是极具想象力和实践性的伟大国际合作构想。

古代的丝绸之路和今天的"一带一路"的共同点是什么？

虽然隔着千古时光，但是两者的共同点是用贸易与和平替代阻隔和冲突。贸易不仅促进经济繁荣，也带来文化交流与和平稳定的环境。就像丝绸之路曾经从政治、经济、文化等各方面影响和推动了东西方世界的交流和发展一样，我们期待今天的"一带一路"也能为整个亚欧大陆带来新的经济贸易合作与发展机遇，满足欧亚大陆人民共同的愿望。

印花小绢裙　唐代　新疆维吾尔自治区博物馆藏
摄于"驼铃声响——丝绸之路艺术大展"

霜华

立冬 三候，雉入大水为蜃

"赛里斯（西方对中国的古称）人……其林中产丝，驰名宇内。丝生于树叶上，取出，湿之以水，理之成丝。后织成锦绣文绮，贩运至罗马。富豪贵族之妇女，裁成衣服，光彩夺目，由地球东端运之西端，故极其辛苦。"

——《博物志》 古罗马 老普林尼

历史上最伟大的商品

丝绸，应该是历史上最伟大的商品（没有之一）。在古代，中国是唯一能够大量长期生产优质丝绸的国家。丝绸在中国已有 3 000 年的生产历史，直到张骞通西域之后，丝绸才开始逐步流传至西方世界。1 世纪，伴随着贵霜王国的崛起，对丝线、丝织品和养蚕技术的需求成为长途贸易的最大动力，并持续了千年之久。

当时的西方人对这种来自遥远地区的陌生事物异常狂热。相较于西方世界当时所用的动物皮毛或植物纤维，丝绸面料光亮、坚韧、轻盈且舒适，所以昂贵的丝绸成为西方社会所推崇的热门商品。

在这条逾 8 000 公里的长路上，来自东方的丝绸，作为顶级奢侈品，成为时尚、身份的象征：军队用丝绸制作军旗；人们在游行时为裸体的神灵雕像穿上丝绸衣服；皇帝在重要的国事活动中身着丝绸服饰；各国贵族均以穿着丝绸来彰显财富和荣耀。这种追逐风尚对当时的罗马帝国的经济产生了巨大的影响，以至于罗马元老院多次下令禁穿丝绸。

在贸易中，丝绸还有什么其他作用？

值得一提的是，丝绸不仅是东西方交流的大宗物资，而且在其他贸易活动中也常被用作货币进行交易。来自西域尼雅王国的文献证明，丝绸被当时的尼雅人视为财富的象征，特别是转移和存储财物的时候，丝绸起到类似黄金和钱币的作用。从这个意义上讲，这条历史通道叫作"丝绸之路"可谓名至而实归。

汉唐时期丝绸之路路线图

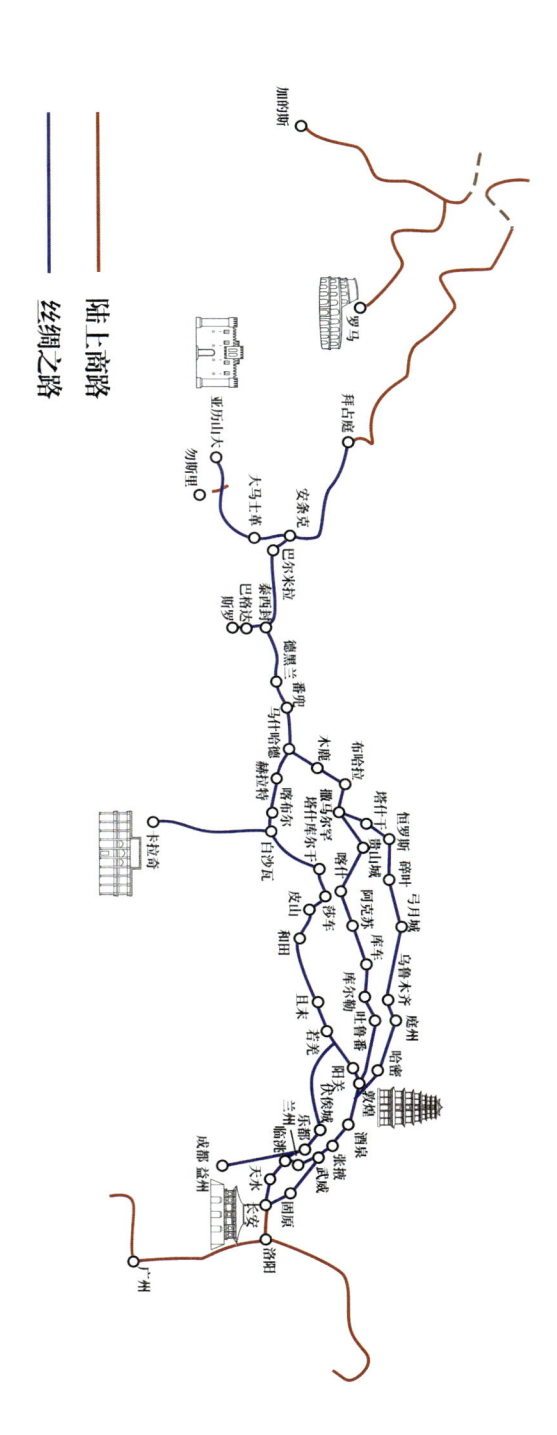

霜 帝 华
日
立冬 三候，雉入大水为蜃

"其实地上本没有路，走的人多了，也便成了路。"
——《故乡》现代 鲁迅

四通八达的路网

提到丝绸之路，人们脑海里往往想到的是"一条从长安通向罗马的笔直大道"，商人们沿着这条道路长途跋涉贩运丝绸。这无疑是一种平面化的简单解读。从东方到西方，从中国到罗马，中间经过的广袤疆域和多元路线往往被人们不经意忽略掉。

丝绸之路其实不是一条线，而是呈网状结构的一个面。其路途十分遥远，实际行程超过8 000公里，地形包括河西走廊的平原、塔里木盆地、炽热的塔克拉玛干沙漠，以及终年积雪的帕米尔高原。遥远的距离、极端的环境，加上沿途各地区被不同势力控制，来自罗马的商人无法直接到达中亚，中国的商人也很难直接进入罗马辖区。史料表明，一支叙利亚商队从幼发拉底河附近出发，要花费5个月才能走完丝绸之路的西段。

在丝绸之路上运输的并非只有丝绸，还包括象牙、盐、玉石、茶、麝香和马匹等（所以又被称为"黄金之路"、"玉石之路"和"香料之路"）。商人们往往把精美器物（多为奢侈品）卖给中间商，以短距离、中长距离的接力方式，通过大大小小的城市，共同行进在这条遥远道路上，每年会有数十支商队分别活跃在丝绸之路的不同路段上。

此外，由于不同国家和政权分别控制着丝绸之路的不同路段，历史上的丝绸之路还有一个重要特点——"偶"断丝连。局部路线会在某些历史时期有所中断，比如东汉时期，西域出现了"遮杀汉使""隔绝汉道"的情形，在班超父子的苦心经营下，丝绸之路绝而复通，如此者三，史称"三绝三通"。以"贸易"为核心的丝绸之路本身不会断绝；每个路段都在不同时期发挥着其联通各个文明的重要作用。

"丝绸之路"的说法来自哪里？

德国地理学家李希霍芬19世纪在书中首次提到"丝绸之路"，后来他的弟子斯坦因沿着这条丝绸之路来到敦煌藏经洞。1910年，德国历史学家赫尔曼在标题中打出"丝绸之路"的名字，把丝绸之路的概念扩大到了地中海和小亚细亚。现在较为公认的丝绸之路有三条路线：沙漠绿洲丝绸之路、海上丝绸之路和草原丝绸之路。我们可以这么理解：丝绸之路，开启了最早的全球化经济和文化往来。

西洋透明玻璃菊花纹瓶　清代　故宫博物院藏
摄于"澄凝琼英——故宫博物院藏玻璃精品展"

霜华 哲日

小雪 初候，虹藏不见

"物以稀为贵。"
——《小岁日喜谈氏外孙女孩满月》 唐　白居易

丝绸之路上的珍稀商品

如果穿越到唐代，你会发现异域奇珍在敦煌汇聚，令人目不暇接。在敦煌集市中，你会看见各种肤色、操着各种语言的商人。他们交易的商品有波斯的琉璃、中亚的铁器、中原的丝绸、阿富汗的青金石、粟特的金银器皿。

据史料记载，唐贞观十一年（637年），来自撒马尔罕的使者到达长安城，献上"大如鹅卵，其色如金"的黄桃，被人们赞誉为"撒马尔罕的金桃"。这成为古代东西方物质文明交流的著名例证。

除了大名鼎鼎的丝绸，还有许多其他品类的代表性商品。

• 玻璃：中国当时所生产的玻璃杂质多且不透明；而地中海的玻璃作坊凭借精湛的玻璃工艺，不仅能制造出透明玻璃，还能利用稀有矿物颜料对玻璃进行染色。这种来自西方的精美玻璃器皿在东方市场价格昂贵。

• 宝石：粟特出产青金石和红石榴石，于阗人供应玉石，印度人供应钻石、蓝宝石和红宝石。其中，碧玉和白玉可以被雕刻成护身符、饰品，备受中国市场追捧。

• 香料：如樟脑、麝香、印度香辛料（辣椒、肉桂、藏红花等）。

• 矿物与染料：用于制造化妆品的白铅（铅粉）、靛蓝染料、朱砂等。

丝绸之路上哪些商品更受欢迎？

代表着异域文化的珍稀商品自然会受到人们的欢迎；考虑到长途运输的限制，体积小、价值高且不易腐烂的商品会被精明的商人们视为理想的商品，如丝绸、玻璃、檀香木、香料，以及小型铁器、铜器等。

中间商——粟特人 P103

唐三彩胡人俑 唐代 大都会艺术博物馆藏

霜华 明日
小雪 初候，虹藏不见

"风俗浇讹，多行诡诈，大抵贪求，父子计利，财多为贵，良贱无差，虽富巨万，服食粗弊。"
——《大唐西域记》唐 玄奘

中间商——粟特人

东西方交通的丝绸之路上，确实有一些民族更善于经商，比如大名鼎鼎的粟特人，被公认为丝绸之路上的出色商人。隋唐时期，一般直接称粟特人为"胡人"（其常用的姓氏是康、安等，史称"昭武九姓"，其实不止九个）。

丝绸之路的兴起为粟特人提供了重要机遇，使粟特地区成为连接中国、印度和伊朗的关键贸易枢纽。粟特商人得以直接与古代世界三大经济体进行贸易。他们将印度和波斯商品运至中国，换取丝绸等贵重商品，以赚取利润。

考古发现，粟特人的足迹遍布丝绸之路沿线。除了布匹、胡椒、酒、樟脑、麝香、植物种子、贵族热衷的猎豹、杨贵妃青睐的康国猧子（一种小型犬）、能歌善舞的胡姬，都是粟特人贩卖的商品。

粟特人不仅是商人，也是杰出的建筑师、手艺人、农学家、舞蹈者等。传说唐朝安禄山、归义军节度使曹议金就有粟特人的血统。

粟特人是如何消失在我国历史上的？

粟特人未曾建立过一个统一的国家。在唐代，粟特人与汉民族融合，逐渐中原化。安史之乱后，为避免排胡情绪，粟特人主动改变姓氏和郡望，进一步融入汉文化。8世纪，回纥（后改称回鹘）助唐平叛，后来粟特人抓住商机，参与回鹘汗国的经济政治文化生活，开始"回鹘化"。回鹘汗国的繁荣是回鹘人和粟特人共同创造的。随着回鹘的消亡，粟特人也从我国历史上逐渐消失。

消失在历史中的回鹘 **P091**

大慈大悲救苦觀世音菩薩

歸義軍節度使檢校太傅曹元忠造

弟子歸義軍節度瓜
沙等州觀察處置管
內營田押蕃落等使
特進檢校太傅兼
譙郡開國侯曹元忠
雕此印板奉為城隍安
泰闔郡康寧東西之道
路開通南北之冤讎順
化愿愚患消散刁兵永
息隨喜見聞俱霑福
祐于時大晉開運四
年丁未歲七月十五
日紀 匠人雷延美

大慈大悲救苦觀世音菩薩圖　五代　木刻印刷品　大都會藝術博物館藏

霜华
小雪 初候，虹藏不见

"火药、罗盘、印刷术——这是预兆资产阶级社会到来的三项伟大发明"

——《机器，自然力和科学的应用》德 马克思

四大发明的丝路轨迹

四大发明不仅为古代世界的文化和商业交流提供了方便，也为西方迈向现代社会提供了必要条件。

纸被正式发明出来之前，早期人类社会文化传播的介质都比较笨重，比如西亚的羊皮、印度的桦树皮和中国的简牍等，这使得信息传播从内容到距离都十分受限，如早期写在桦树皮上的佛典，只能记载字比较少的《法句经》。在敦煌壁画和文献中，人们发现了古老的纸张——"敦煌麻纸"；造纸术通过丝绸之路西传，不仅使得大部头佛典可以到达更远的地方，也推动了世界各国的科学、文化前所未有的发展。

在纸的基础上，印刷术应运而生。印刷术具体于何时何地诞生？历史史料众多，并无定论。但没有争议的是，印刷术是中国人集体劳动、世代积累的结晶。今天我们能够找到明确纪年的雕版印刷品——唐人《金刚经》，来自藏经洞的敦煌遗书，比欧洲足足早了600年。莫高窟北区洞窟发掘的"回鹘文木活字"，是现存世界上最早、含有以字母为单位的活字印刷实物。

火药的发明，据说和中国道家炼丹息息相关，在唐代末年开始用于军事，宋元时期通过丝绸之路传播到了西方（还有一说是通过蒙古人西征传播），之后在现代战争中发挥着举足轻重的作用。

与造纸术、印刷术、火药经由陆上丝绸之路外传不同，指南针是通过海上丝绸之路传出去的。指南针，源自战国的司南，到了宋元用于航海事业。指南针的西传，使得人类拥有了全天候航行的能力，为未来海洋文明的发展（乃至新大陆的发现）提供了必要的物质条件。

四大发明是如何传到西方社会的呢？

四大发明的西传，和当时的阿拉伯世界（唐代称其为大食）密切相关。历史上中国大量的商品、文化和技术（包括四大发明），都是先传到阿拉伯，再通过阿拉伯人进入欧洲的。

于阗王后供养像　莫高窟098窟　主室东壁　五代（临摹）

霜华
学日
小雪 初候，虹藏不见

"故知伊吾、高昌、鄯善，并西域之门户也。总凑敦煌，是其咽喉之地。"

——《西域图记》 隋 裴矩

丝绸之路上的角色

在许多人印象中，敦煌只是一个地处边远的小城，今天来访的人多以游客为主；当年，这里可是中国与世界进行商品贸易的中心，也是宗教、艺术和文化交流的重要窗口。在古代丝绸之路上，敦煌地区活跃着诸多角色。

首先当然是商人。由于长安和罗马的丝绸差价高达十倍，高额的利润吸引了大量的商人（其中以粟特人最为出名）。各国商人把敦煌当成贸易中转站；不过，出于各种需要，他们有时候也会参与宗教、政治和军事活动。

丝绸之路上自然也少不了政治家和官员。最著名的莫过于"凿空"西域的张骞。除了战争和朝贡贸易，当时选派公主联姻也是一种重要的外交手段。

唐、吐蕃、回鹘等政权曾在西域多次用兵以争夺对丝绸之路的控制权。军队自然也是驻扎在丝绸之路上的重要角色。由于荒芜的戈壁无法提供充足的粮食，驻军就要考虑储粮和水源等后勤保障，于是也就有负责运输后勤的民夫和驼队。

丝绸之外，宗教是沿着丝绸之路传播的最重要的"文化载体"。除佛教外，也有其他宗教在这条丝绸之路上流传，这就带来了犹太教、祆教、摩尼教和基督教的传教者们（如粟特人主要信仰祆教，在敦煌就有祆祠）。

为了坚定人们的信仰和传播佛事，敦煌画师们会在窟中绘制精美的壁画。除了本地画师，虔诚的供养人也会从中原和西域邀请知名画师来完成更为宏大精彩的创作。

古代丝绸之路还有哪些人走过？

有太多人走过这条伟大辉煌的古老道路，其中既有著名僧侣（如玄奘）、各国王子、地方节度使、使节、巨贾等有名有姓的角色，也有无数士兵、朝圣者、驭马人、间谍、打窟人、泥匠及普通百姓等小角色。无论角色的大与小，他们在丝绸之路上都留下了脚印，在历史长路中留下了足迹。

唐代海上丝绸之路路线图

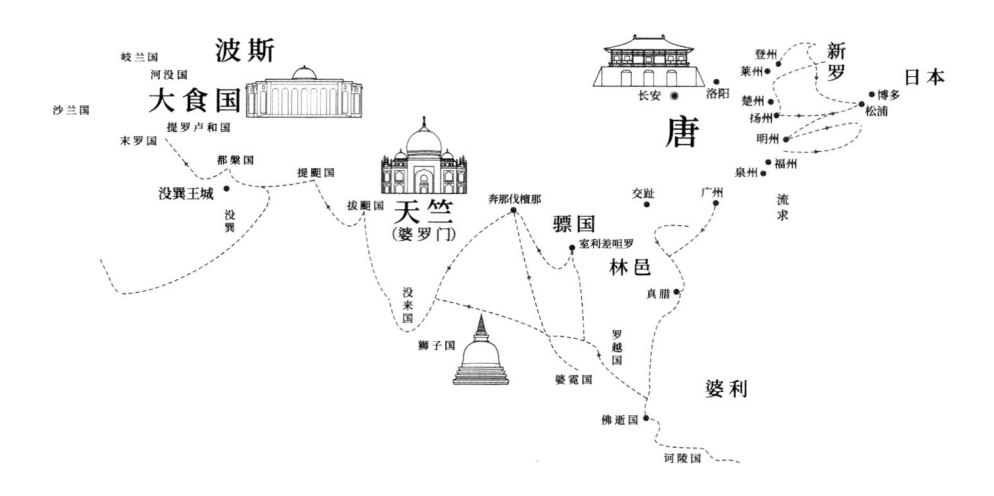

霜华 平日
小雪 初候，虹藏不见

"须臾满眼贾胡船，万顷一碧波黏天。"
——《过金沙洋望小海》 南宋 杨万里

海上丝绸之路

提起丝绸之路，人们往往联想到连接欧亚非三大洲的陆路，而海洋运输构成了陆上丝绸之路的重要补充。

风向有利的时候，船的航速比驼队快三倍，而且货物承载量大，遭遇盗匪拦截的风险远低于陆地货物运输。不过，沿海岸航行的船舶需要在港口停靠并缴纳税款，又易在海上迷失方向，所以宋代以前的效率不是很高。宋代以后，海上丝绸之路逐步取代了陆上丝绸之路的地位，主要原因在于以下四点：

- 西夏、蒙古帝国、奥斯曼帝国等相继隔断了中国与欧洲交往的陆上通道，对贸易商人征收重税，这种行为极大抑制了陆路商贸的发展。

- 宋朝鼓励商业活动，并且此时航海技术已经有较大发展，司南等对航海有极大促进作用的发明出现。

- 全球海运贸易繁盛，白银从日本、南洋、南美等地经过海运输入中国，促进了海上贸易的兴起。

- 瓷器、茶叶和香料成为新的时尚商品。运输笨重易碎的瓷器等商品时，海上的优势就比陆地要明显得多。由于运输的商品由丝绸变成了瓷器和香料，海上丝绸之路又被称为"海上陶瓷之路"和"海上香料之路"。

海上丝绸之路始于何时？

我们熟悉的往往是"郑和下西洋"。据史料记载，早在唐代贞观年间，由于有联络阿拉伯（大食）进攻吐蕃的政治需要，唐曾派使臣经广州前往波斯湾出使黑衣大食。可以说海上丝绸之路，萌芽于唐，远早于明代。

犍陀罗 菩萨像
克利夫兰艺术博物馆藏

敦煌菩萨像 莫高窟199窟 西壁
中唐（临摹）

犍陀罗风格与敦煌风格对比

霜 保
  日 华

小雪 二候，天气升地气降

"凡所有相，皆是虚妄。"
——《金刚经》

佛像的诞生和流传

　　尽管佛教被称作"像教"，但佛教的早期形态并不提倡塑造佛像，因为"佛形不可度量"。也就是说，佛教初始阶段，原始佛教是反对偶像崇拜的。

　　而随着佛教的演进，特别是在佛陀圆寂之后，信众需要具体的象征物来崇拜和缅怀佛陀。在佛像尚未问世之前，人们通常以佛座、菩提树或佛陀的足迹来代表佛陀（这一时期的佛教艺术以巴尔胡特大塔和桑奇大塔为代表）。

　　当马其顿人东征时，他们精湛的雕塑技艺和艺术审美观念传入东方的犍陀罗地区，为原本"无形"的佛教带来了"着相"的表现手法（至于谁是首位制作佛像的艺术家，已无从考证）。

　　佛像的出现极大地促进了佛教的传播，"汉明帝夜梦金人"的故事便是佛教传入中原的生动写照。从敦煌莫高窟到凉州天梯山、永靖炳灵寺，再到酒泉文殊山、大同云冈，以及东传至日本、朝鲜，犍陀罗艺术的影响无处不在。

　　如此看来，佛教造像的产生，主要源于客观需求与技术进步两个方面的互动。一方面，随着大乘佛教的兴起，其以"普度众生"为核心教义的传播，已无法仅凭传统的隐喻或简单图形来满足信徒的精神需求，从而催生了对佛像的需求。另一方面，希腊雕刻艺术传入犍陀罗地区，为佛教造像艺术的发展提供了精湛的技术支持。

如何理解佛像之间的差异？

　　犍陀罗地区的早期佛像与我们在莫高窟所见的佛像，以及中原青州的佛像之间存在显著差异。早期佛像特别注重写实性，强调"人"的特征；而当佛教穿越西域传入中原后，当地艺术家不断强化其"神"的特质和象征意义。

犍陀罗——佛教 飞翔之地 P113

犍陀罗　石雕弥勒菩萨立像
大都会艺术博物馆藏

霜华 至日
小雪 二候，天气升地气降

"犍陀罗……这里是佛教的飞翔之地。"
——《犍陀罗文明史》孙英刚 何平

犍陀罗——佛教飞翔之地

你或许会心存疑惑，佛教起源于古印度，却独在中土及东亚地区广为流传，其间的演变过程究竟如何？这便需提及一个地理概念——犍陀罗。

佛教之所以能在诞生后的五六百年间，从一个地域性的宗教演变为具有全球影响力的宗教，犍陀罗地区无疑是一个关键的转折点。艺术与文化的交流在此地产生了非凡的融合。

犍陀罗地区位于现今巴基斯坦与阿富汗的交界地带。前326年，马其顿的亚历山大大帝东征，占领了犍陀罗地区，带来了希腊的造像艺术；至前325年，亚历山大撤军，印度的阿育王占领了犍陀罗，佛教亦随之传入该地区。贵霜时代，佛教经历了第一次重大变革，即从原始的"小乘佛教"向"大乘佛教"过渡。与小乘佛教不同，大乘佛教强调普度众生，从而创立了菩萨体系。菩萨为了救度众生而化现为人形，这也成为犍陀罗地区采用希腊造像技术的理论基础。因此，犍陀罗地区诞生了人类历史上第一尊真正意义上的佛像。除此之外，第一部真正意义上的"纸本"书写佛经，也是用犍陀罗语（而不是大家想象中的古印度梵语）所撰写的。

正是由于菩萨体系、佛像和佛经这三大要素的加持，犍陀罗为佛教的传播插上了翅膀，使其得以真正走向世界。

如何评价犍陀罗艺术的深远影响力？

犍陀罗艺术在世界艺术史，特别是佛教艺术史上占据着举足轻重的地位。它不仅代表了古老东西方文明的融合，而且这种艺术形式的持续发展，加之与中国本土艺术的不断结合，催生了具有中国特色的佛教艺术，对东亚乃至全世界产生了深远的影响。

佛像的诞生和流传 **P111**

玄奘像　东京国立博物馆藏

霜华 神日
小雪 二候，天气升地气降

"色即是空，空即是色。"
——《般若波罗蜜多心经》唐 玄奘 译

西行求法和玄奘取经

谙熟《西游记》的我们可能会疑惑：明明佛教在汉代已经传入了中国，为何唐代的玄奘还非要大老远地跑到西天去取经？《西游记》里给出的答案是之前流入中原的是小乘佛经，而玄奘要取的是大乘佛经。

从历史角度考证起来，古代佛典的传播主要靠传法僧的口头传授（当然这种能力需要禀赋和特殊训练，这也是"如是我闻"的出处。在《三国志》中就有大月氏使者口授《浮屠经》的记录）。这种方式不仅今天很难想象，在当时的汉地也面临着质疑；同时，从犍陀罗语或其他胡人语言所翻译出来的佛经，语义往往有所不同。这些分歧日积月累，难免就会引起这样的疑虑：到底谁说的才是最准的，为什么我们不能直接去取原版佛经——"真经"，然后自己翻译？

正是抱着这样的念头，僧侣们探索真理的进程从汉开始，经过三国、魏晋南北朝，一直延续到了隋唐。第一位西行求法的汉代僧侣叫朱士行，其后又有法显、智猛、法盛、智严、惠生等僧人前赴后继。

当然，其中最出名的就是玄奘法师。据史书记载，玄奘从长安出发，途经敦煌、新疆，以及中亚其他国家，辗转到达印度，往返耗时19年，总路程长达5万里，旅经110国。

取经的真正难点在哪里？

首先，古代的物质条件艰苦，僧侣们需要穿越戈壁和沙漠，在漫长的旅途中，他们经常与这条丝绸之路上的商队同行做伴；其次，不同文化之间有着极大的语言和理解差异，因此玄奘大师在取得经文之后，倾注了毕生的精力于翻译工作。

玄奘取经　榆林窟 003 窟　西壁　西夏（临摹）

霜华圣日

小雪 二候，天气升地气降

"路遥十万八千里，圣僧历难簿分明。"
——《西游记》明 吴承恩

敦煌和《西游记》的联系

以玄奘西行这个真实的历史故事为背景的《西游记》家喻户晓，是当之无愧的第一神魔小说。不过，16世纪生活在东部的吴承恩，把原本以唐僧（玄奘）为主的真实故事，改编成了以孙悟空为主的战天斗地传奇。和《西游记》中动辄高喊"悟空救我"的唐僧不同，这位玄奘法师可是历史上的厉害人物。除了万里取经，玄奘还是著名的翻译家和作家。我们目前看到《般若波罗密多心经》最流行的版本，就是出自玄奘之手。

如果《西游记》是神魔世界，那么敦煌壁画则是对真实世界的记录和写照。敦煌壁画中有多处记录了这位知名的历史人物。而今天，我们在敦煌榆林窟的壁画中可以发掘到这条埋了数百年的草蛇灰线。

- 真实的取经出发地。玄奘出关时经过沙州（古代敦煌），但和小说中皇帝送别不同且略显尴尬的是，玄奘的西行计划实际上未获得官方允许，因此他是"私往天竺"，按照今天的说法算是偷渡。

- 榆林窟中的图像记录。作为一部图像史，在西夏榆林窟002窟、003窟的西壁上，真实记录着玄奘及其弟子的早期民间形象。这些图像是研究玄奘和《西游记》的重要资料。

- 孙悟空的人物原型。这位出现在敦煌壁画上的孙悟空原型是唐僧（玄奘）在最困难的时候收的胡人徒弟，名叫石磐陀，曾帮助唐僧顺利过边关。据推测，由于"胡"和"猢狲"的"猢"音相近，而孙悟空也是从石头中诞生的，因此在长期流传中，"石磐陀"就演变成了"孙悟空"。

敦煌榆林窟的修建缘由，极有可能就是玄奘？

如果说莫高窟的修建是因为乐僔和尚的发心，那么对于敦煌地区的第二大石窟——榆林窟的修建缘由，又如何解释呢？有学者考证，榆林窟极有可能就是为玄奘带回的象牙佛造像而建的，那么在榆林窟中能多次看见玄奘的踪迹也就不奇怪了。

西行求法和玄奘取经 P115

君不见黄河之水天上来，奔流到海不复回。君不见高堂明镜悲白发，朝如青丝暮成雪。人生得意须尽欢，莫使金樽空对月。天生我材必有用，千金散尽还复来。烹羊宰牛且为乐，会须一饮三百杯。岑夫子，丹丘生，将进酒，杯莫停。与君歌一曲，请君为我倾耳听。钟鼓馔玉不足贵，但愿长醉不愿醒。古来圣贤皆寂寞，惟有饮者留其名。陈王昔时宴平乐，斗酒十千恣欢谑。主人何为言少钱，径须沽取对君酌。五花马，千金裘，呼儿将出换美酒，与尔同销万古愁。

唐代李白《将进酒》 庚寅写于李永清题

《惜樽空》（《将进酒》）唐 李白 李永清先生书法作品

霜华

小雪 二族，天气升地气降

"君不见黄河之水天上来，奔流到海不复回。君不见高堂明镜悲白发，朝如青丝暮成雪。"

——《将进酒》唐 李白

李白可能是胡人

大名鼎鼎的诗人李白，靠着卓越的才华赢得了世人的青睐，创作出了"云想衣裳花想容，春风拂槛露华浓"这样的千古名句。

李白不仅是位诗人，还是个剑客，曾拜号称唐朝第一剑圣的裴旻为师，因此被誉为唐朝的"第二剑圣"。

不过，鲜有人知道李白的真正出身——他可能并非汉人。历史学家陈寅恪先生在《李太白氏族之疑问》中考证出李白出生于西域，具体地点是西域碎叶城（今天吉尔吉斯斯坦境内），因此他得出"李白是胡人"这样的结论。据说，李白的父亲为李客（"客"意指"胡客"），是胡人（也有一说是位常年在西域经商的汉人，娶胡女为妻，生下李白）。

更有趣的是，在敦煌藏经洞中人们还找到了广为流传的李白《将进酒》的早期版本（当时名为《惜樽空》）。让我们来对照古今的两个版本："天生吾徒有俊才（天生我材必有用），千金散尽还复来。……与君歌一曲，请君为我倾（耳听）。……古来圣贤皆死尽（寂寞），惟有饮者留其名。"

对李白家世的考证揭示了何种历史现象？

在古代诗篇中，我们屡屡见证胡汉文化的融合，"北朝胡汉之分，在文化而不在种族"。从唐太宗的鲜卑血统到李白家世的探究，让我们认识到：胡文化在当时已经成为唐文化的组成部分。这对理解"中国"这一概念具有重要意义，它挑战了传统的华夷二元论，为诠释今天的"中国文化共同体"提供了有力的依据。

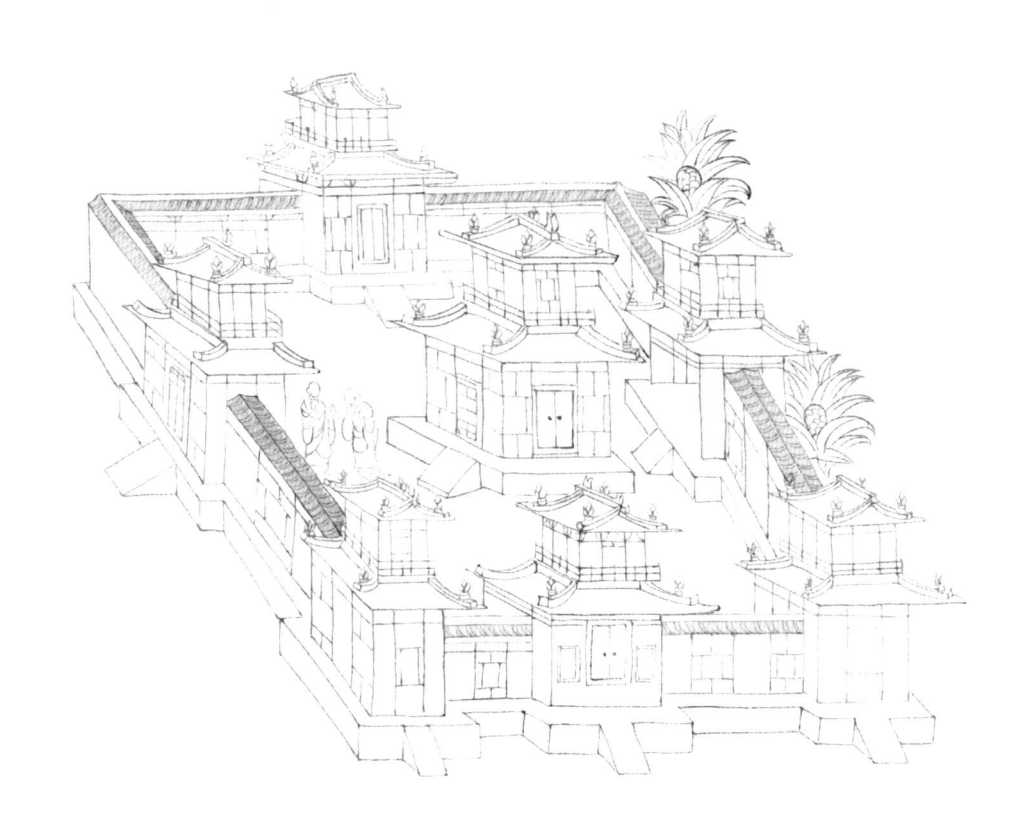

大福圣寺　莫高窟061窟　主室西壁　五代（临摹）

霜道日华

小雪 三候，闭塞成冬

"国内殿宇尚有唐构之信念，一旦于此得一实证。"
——《记五台山佛光寺的建筑》 近代 梁思成

藏在壁画中的五台山

敦煌和五台山两地相距遥远，物理距离 2 000 多公里。

然而在敦煌莫高窟 061 窟主室西壁上，就有这样一幅巨大的五台山地图（长 13.6 米，高 3.5 米），上面赫然绘制着山峦起伏的五台山地区的具体寺庙。

敦煌壁画中的这幅《五台山图》，可谓中国最大、最完备的古代佛教地志和圣迹地图。

神奇的是，就在这幅图绘制完成 1 000 年后，中国古建筑学家梁思成先生从敦煌壁画中发现了线索，亲自来到山西，按图索骥，在五台山地区找到了和壁画中画得一模一样的祖师塔，由此找到了佛光寺，并断定其中的东大殿属唐代建筑（建于 857 年）。

这个从敦煌壁画中发现的中国古代建筑新遗迹，轰动了中外建筑学界，也打破了日本学者认为中国没有唐代木建筑的断言。

敦煌壁画中为什么会有五台山的详细地图呢？

五台山，又叫清凉山，中国佛教四大名山之一，为文殊菩萨的说法道场。当时敦煌许多僧人曾经亲身东行朝拜过五台山。他们回到敦煌以后，以极大的热情向信众和画师们描述了他们亲眼所见的五台山的诸多寺庙，所以画师们能较为清晰地把这幅历史地图留在墙壁上，也由此证明了丝绸之路上双向文化传播之间千丝万缕的联系。

炽盛光佛图　莫高窟061窟　甬道南壁　五代

霜恩华日

小雪 三候，闭塞成冬

"十二宫辰，二十八宿。"
——《庞涓夜走马陵道》杂剧 元 佚名

黄道十二宫和十二星座

　　古代东西方的文化交流远比我们想象的要早，比如今天我们常常认为星座概念是近代才从西方传入的，但实际上十二星座（古称黄道十二宫）早在6世纪（隋唐时期）就从古巴比伦传入了中国。古巴比伦时期，人们观测天空的时候，看到太阳用了一年的时间在天空中转动了一圈，于是把这一圈太阳运动的轨迹叫作黄道。这一概念传入希腊后，古希腊天文学家将这条黄道均匀分成十二段，因其崇拜太阳神，故而在每一段上都"建造"了一座宫殿，这就是"黄道十二宫"的来历。黄道十二宫的名称，和我们熟悉的十二星座大同而小异，即白羊宫、金牛宫、双子宫、巨蟹宫、狮子宫、室女宫、天秤宫、天蝎宫、人马宫、摩羯宫、宝瓶宫和双鱼宫。

　　在宏伟壮美的敦煌壁画里就有十二星座图样的壁画。敦煌莫高窟061窟甬道南壁所绘的《炽盛光佛图》中，"十二星座"清晰可见，包括狮子座、水瓶座、射手座、双鱼座、巨蟹座等。

和黄道十二宫相比，二十八宿又是什么呢？

　　黄道十二宫是古人对太阳的观测结果，二十八宿则是古人观测月亮的产物。古人发现，月亮在天空中走一圈要用二十七天多一些的时间，便取整数为二十八，将天空分为二十八个区域。为了让月亮休息，就诞生了二十八宿（又称二十八舍，"宿"，即停留休息之意）。

黄地团窠对羊联珠纹锦　唐代　青海藏文化博物院藏
摄于"驼铃声响——丝绸之路艺术大展"

霜华 慈日

小雪 三候，闭塞成冬

"大珠小珠落玉盘"
——《琵琶行》唐 白居易

来自古波斯的纹样

敦煌壁画中的装饰纹样——"联珠纹"，看似非常简单，却是地地道道的舶来品。它由一串大小相同、彼此相连的圆形或球形图案排列组成，呈现圆弧形或S形；"珠"的样式有的为实心圆，有的为空心圆，还有的是同心圆。

这种在中国西北和丝绸之路沿线发现的联珠纹样，来自3世纪兴起的萨珊波斯王朝。古波斯文化中，连续的圆珠象征着日月星辰和生命。

同时，随着这一纹样的广泛传播，人们对其寓意有了多种解读，一说是象征太阳，一说是象征佛珠。

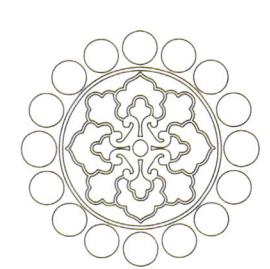

联珠纹到底是如何来到中国的？

联珠纹在南北朝期间传入中国并开始流行，在隋唐达到鼎盛。回望历史，萨珊波斯王朝陆续派出多个使团，和北魏建立了联系；同期，有一群粟特人也往返于丝绸之路（粟特人在当时几乎垄断着中国和中亚之间的贸易）。因此可以推论联珠纹的传入有可能包含但不限于这几种方式：一、从波斯或粟特传入；二、粟特人在中国本土创造；三、中国工匠按照西方图案进行了仿制。

牵狮子昆仑奴　榆林窟025窟　主室西壁　中唐（临摹）

牵狮人于阗王　榆林窟003窟　主室西壁　西夏（临摹）

霜华 顺日 小雪 三候，闭塞成冬

"昆仑儿，骑白象，时时锁著师子项。"
——《杜秀才画立走水牛歌》 唐 顾况

从昆仑奴到于阗王

敦煌壁画之中，常见一位为菩萨牵引狮子或大象的人，其肌肤色泽黝黑如夜，世人通常称其为"昆仑奴"。

昆仑奴的渊源与人种归属并不完全明了。"昆仑"一名，既指巍峨的昆仑山，也寓含黑色的意象。古书记载，于林邑之南，那些卷发曲鬓、肤色黝黑的居民亦被称为"昆仑"。他们以强健的体魄和坚忍的耐力著称，被誉为唐朝贵族"三宠"（昆仑奴、新罗婢、菩萨蛮）之一。

榆林窟025窟西壁所绘昆仑奴，双手拉紧缰绳，引导狮子徐徐前行。这位昆仑奴身着束腿短裤、肤色乌黑，唯有掌心略显白皙，是典型的黑人。

然而，学者发现，中唐以后敦煌壁画中的昆仑奴形象发生了变化，原本肤色深黑、卷发的黑人演变成了虬髯浓须、身着胡服的西域武士。如左页下图所示，这位身材魁梧的西域国王，身着战袍，左手握鞭，右手紧握铁链向后拉扯。根据题记，我们得知他是"于阗王李圣天"（因归义军家族与于阗王室的联姻，于阗国王常作为守护神或供养人出现在敦煌洞窟之中）。

牵狮人为何变成西域国王？

探究其历史渊源，一方面，安史之乱之后，长安地区的众多工匠纷纷西移至河西走廊，使得敦煌成为长安画师聚集的核心地带，带来了新的创作思路。另一方面，社会各阶层渴望安稳，希望强化中原文化的影响力。因此，自9世纪起，莫高窟便出现了许多融入现实题材的创新内容。原本的黑人形象与大众的日常格格不入，于是画师们将其转化为更加贴近现实的西域国王的形象。

故宅其妻先與外人私通名曰善聽於此夜
中盛設芳饌食已同居時婆羅門既至宅所
扣門而喚妻遽問曰汝是何人答曰我是某
甲婦聞其名遂藏善聽於臥林下即去開門
詐現喜相引之令入央至房中為設餘饌令
其飽滿食已便念壹非此婦與外私通因何
夜中有斯美食其夫性直問言首今非好
日復無即會因何得有此上食那答曰近於
夢中有天告我次夫汝知作食相
待夫日我識有福方欲至舍天遂告知食已
同寢各問安不婦知君離我去年月已深求
見財錢有所得不答日薄我有所得婦遂陰言
意吉林下我善聽須知其數問曰得金錢許
來答得五百金錢婦知我欲問日在何處我
答曰目且安隱明日將來婦日我與君早事
同一體何須隱避而不吉知彼性愚直答日
安在城外某林中多根樹下善聽兩問在何處答
日在某林中多根樹下聖子行路辛苦
且當安寢知其睡已作如是話善聽聞者可
速為之即徃林出問多根樹下取得金錢持
去吉林下我數問日得金錢持
還本宅其婆羅門既至天曉徃藏錢處唯見
空坑一無所覩即目拍頭目大失還向宅
中諸有親屬及餘知識共來問日何故憂悲
答日我久經求非常苦得金錢五百遂於
昨日瞑黃之後既絕人行藏其樹下歸舍而
宿令來欲取被賊將去諸人報日此之委曲
餘不能知汝今可問大藥彼有智略起絕諸

《佛說大藥善巧方便經》 唐代 敦煌研究院藏
攝於"駝鈴聲響——絲綢之路藝術大展"

霜华 忠日

小雪　三候，闭塞成冬

"日不显目兮黑云多．月不见视兮风菲沙．"
——《风雨诗》汉　佚名

敦煌和书法的渊源

敦煌不仅以壁画艺术闻名于世，同样见证了古代中国书法的发展历程。

纸被发明以前，中国古代的书写多用竹简和木片（被称为"简牍"）。在敦煌悬泉置，人们挖掘出了多达两万三千余枚汉简，主要内容包括邮书、信札等，记载了使用传车、传马及接待过往行人的情况，生动展现了丝绸之路上那些家国往事：汉王朝长城烽燧系统的运转，远嫁乌孙的解忧公主与汉廷之间传递邮件的文字记录，以及龟兹王夫妇路过悬泉置时的出入关记录等。

纸的发明为书法的应用提供了更为广阔的空间。敦煌是"草圣"张芝的故乡。张芝的草书对中国书法的发展产生了深远的影响，对后世书法家如王羲之、王献之等影响颇深。

近代，在敦煌藏经洞里发现了海量的中国古代书法写本和拓片（被称为"敦煌遗书"），跨越了4世纪至14世纪的各个时期，构成了材料最丰富、最系统的中国古代书法资源库，是研究中国书法演变的重要史料（其书体被称为"经书体"）。

书法，作为线条的艺术，在"甲骨文—金文—篆书—隶书—草书—楷书—行书"这一历史演进过程中，和画师绘画所运用的线条可谓相辅相成，这就是我们常说的"书画同源"的真实写照吧。

古代是不是人人都写得一手好字？

从敦煌出土的汉简、藏经洞文献来看，当时古人的书法整体水平颇高。这和他们经常习练是分不开的。同时，自古以来社会上就有"字如其人"的观念，汉唐以来执行严格的"以书取士"的制度，主考官阅卷先看字写得如何。但说起来，在古代有机会识字写字的人终是少数，大部分人还是文盲（这也是唐代经变画流行的根本原因）。

敦煌遗书 P145

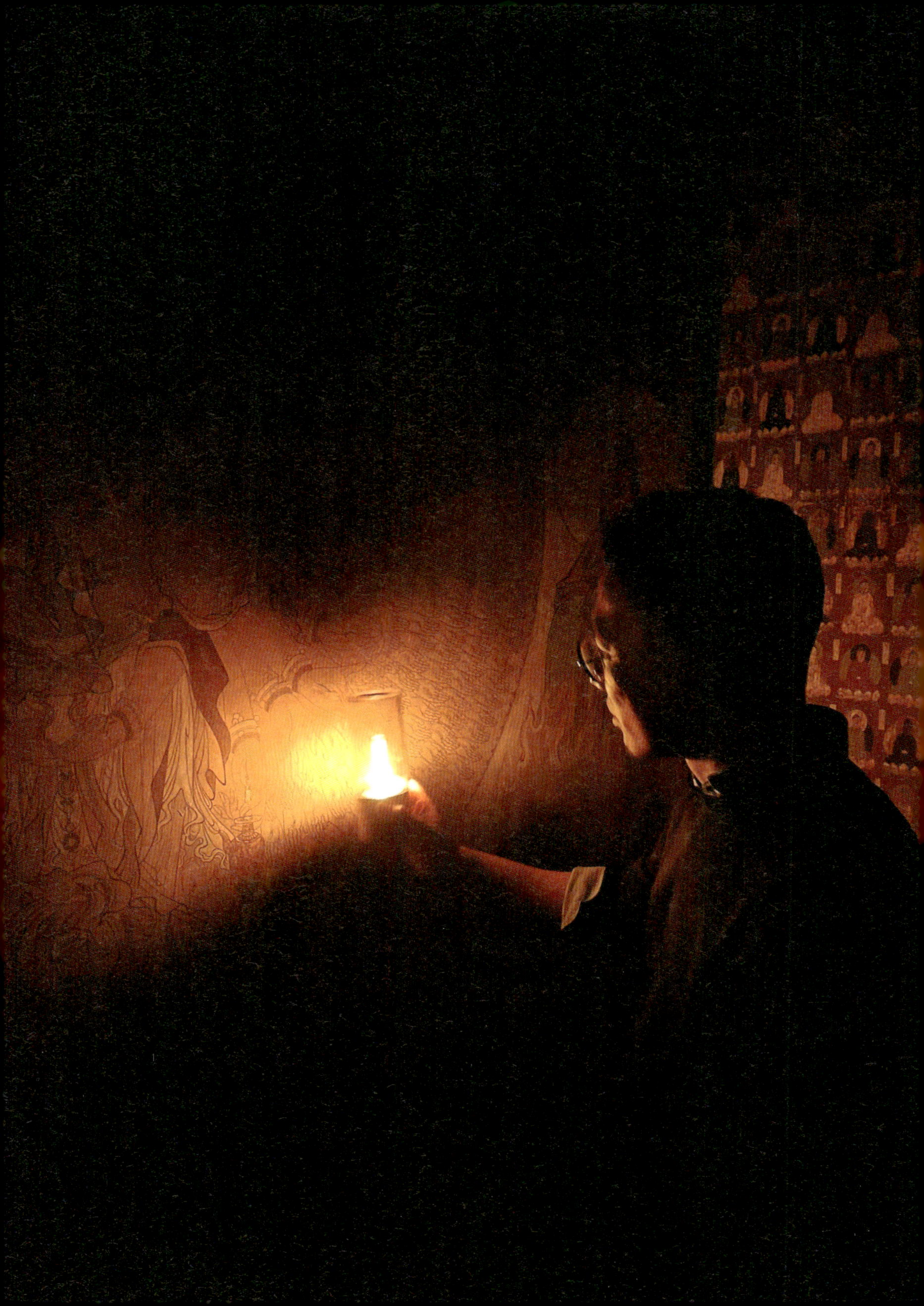

当代敦煌

隆冬

地白风色寒,
雪花大如手。
——(唐)李白《嘲王历阳不肯饮酒》

藏经往事―保护敦煌―接续敦煌―走进敦煌

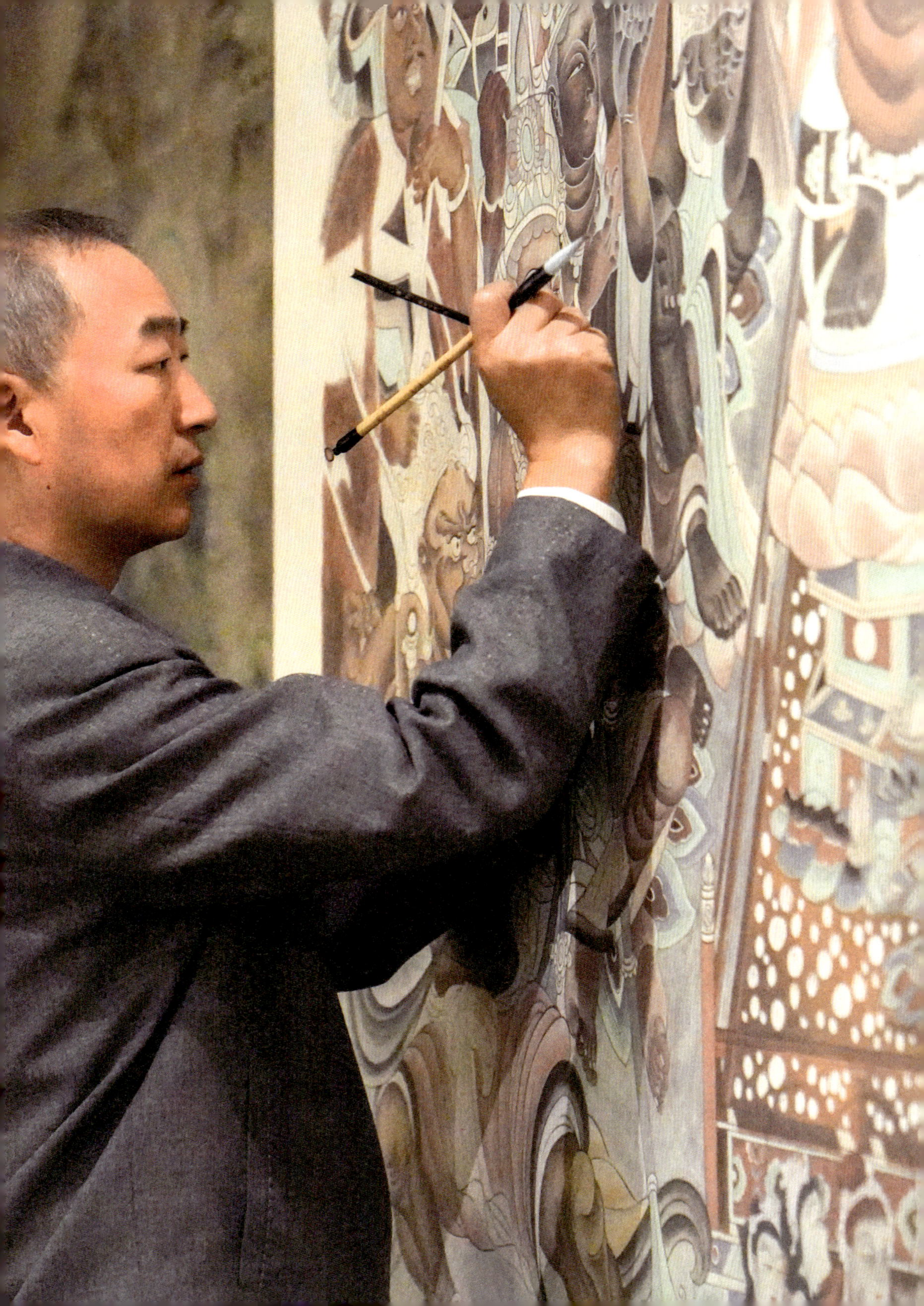

当代敦煌

1900 年藏经洞的开启，重启了敦煌的这次"复燃"。敦煌遗书的流失客观上让我们重新意识到了敦煌艺术的可贵。古老的敦煌艺术不仅需要保护，更要从象牙塔走入每个人的心中。

从 20 世纪 30 年代起，以李丁陇、段文杰、常书鸿为代表的一代老艺术家，启动了敦煌艺术的摹绘和传承事业。虽历经艰难岁月，敦煌之火未曾熄灭。

这些老一辈艺术家相信，敦煌这颗火苗经由他们相传，终有一天，能重焕其"辉煌"的本真光彩。

过去的敦煌，曾是供养人灵魂的栖息所，也是画师精神的理想国。近一百年来，敦煌艺术被更多人看见，也被更多人喜爱。敦煌的可贵，除了其文物和艺术价值，更是千百年来带给人间的精神力量；面对世间各种难题，敦煌带给人们的始终是"笃定"。

让我们扪心自问：如何让敦煌活在今天？

从古老的敦煌艺术中寻找精神原力；让每个人在传承中找到内心的力量源泉；探求让敦煌艺术在当今世界能实现的更多可能性。

只有这样，才能让敦煌活在当下。

高僧洪辯塑像　莫高窟017窟　北壁　晚唐

隆冬

元日

大雪 初候，鹖鴠不鸣

"几经转折，不幸由他当了莫高窟的家，把持着中国古代最灿烂的文化。"

——《文化苦旅》 余秋雨

藏经洞重见天日

伴随着丝绸之路的衰落，敦煌石窟开始无人问津。尤其在明代敦煌被划为关外后，石窟更是日渐荒废。直到清代雍正年间，官方才重新在敦煌地区设置了管理机构。

这时候，一个改变莫高窟近代命运的人出现了，他就是王圆箓。曾为流民的王圆箓，虽然身份是个道士，但因为感叹敦煌艺术的伟大留在了敦煌，全身心投入了莫高窟的"修复"之中（关于这段历史见仁见智，有些专家认为其修复类似于破坏）。

王圆箓自筹资金，雇用工人清理敦煌石窟的积沙；因为资金和人手不足，进程其实非常缓慢。

王圆箓雇的一位抄经人有抽旱烟的习惯，他在用芨芨草点完旱烟后，习惯性地把草插在附近墙壁的裂缝里。直到有一次，他发现这根草插进土墙很深。这位抄经人感到好奇之余，敲击墙壁发现还有回声，于是就报告了王道士。他们大胆挑开裂缝，在连接两个洞室的走廊墙壁背后发现了这座凿在岩石之中的密室——史称"藏经洞"。

1900年6月22日，这一天值得被历史纪念。因为这一天，沉睡了近千年的敦煌藏经洞得以重见天日。这个藏经洞（莫高窟017窟）相当于打开了历史的"时空门"，这里面藏有4至11世纪的佛教经卷、社会文书、刺绣、绢画、法器等文物数万件，其价值无法估量。

藏经洞被王道士发现是偶然还是必然？

历史从来都是偶然和必然的交织。如果说中国灿烂的古老文化被后人发现是历史的必然，那么莫高窟藏经洞被王道士发现这件事则充满了历史的偶然性。

2 影窟 **P155**

匈牙利裔英国考古学家斯坦因

历经磨难的藏经洞文物

自藏经洞被发现后，这些珍贵的文物就不断被斯坦因、伯希和、华尔纳、鄂登堡等盗贼一批批掠去海外。让我们记住这些令人痛心的历史瞬间吧。

- 1905年，地质学家奥勃鲁切夫（俄）用50根蜡烛从王道士手上换取了两大包写本，他是藏经洞的第一个小偷。

- 1907年5月，斯坦因（英）——这位从小崇拜马可·波罗的犹太人是

隆冬 丙日

大雪 初候，鹖鴠不鸣

"历史只是一连串罪恶与灾难的图画"
——《天真汉》 法 伏尔泰

第一个进洞挑选敦煌文献的外国人。他以玄奘的故事迷惑住了王道士，最后花了四锭马蹄银买下大批写经，带着93箱珍贵文物满载而归。

- 1908年5月，伯希和（法）花了500两银子收买王道士，带着6 000多经卷离开了敦煌。后存至法国国家图书馆和吉美博物馆。

- 1911年，大谷光瑞考察队（日）从王道士手中骗取了600份经卷和两尊塑像。

- 1914年，斯坦因又一次来到莫高窟，用了500两银子，从王道士手中买下了570多件写本和绘画等。

- 1914—1915年，鄂登堡（俄）从藏经洞和其他洞窟中盗走1万余件文物资料及壁画。

- 1924年，华尔纳（美）买通王道士，用特殊胶布剥取139、141、144、145号洞窟中精美的唐代壁画26方，外加两尊彩塑。

一波未平，一波又起。匈牙利人走了，法国人来，法国人走了，俄国人、日本人、美国人又接踵而来。

从世界各国来的人纷纷到敦煌藏经洞，从这里拿走了一批又一批敦煌文物，开启了近代艺术史上最为令人痛心的一幕。

如何评价这些"敦煌文物大盗"？

撇开中国人的情感因素，客观地讲，要把斯坦因、伯希和这两位与后来以掠夺为目的的日本、俄国、美国考察队区分开（更令人震惊的史实是，当时官府竟然将沙俄残匪直接安置于莫高窟内。残匪们的肆意涂鸦，对石窟更是造成了难以估量的损害）。

作为文物工作者，他们具备专业素养，对中亚和汉学有较深的研究，客观上也促使敦煌遗书得到了某种程度上的保护。但是，这种用欺骗的方式倒卖中国文物的事实，对莫高窟造成了损害，也深深伤害了中国人民的感情。

谤主上迺敢復見我俟生至仰臺而言曰臣聞知死必
勇陛下肯聽臣之一言乎始皇曰若欲何言之俟生
曰臣聞堯立誹謗之木欲以知過今陛下奢侈失本謹
佚趣末宮臺閣連屬增壘珠玉重寶積襲成山錦
繡文采滿府有餘婦女倡優數千臣萬人鐘鼓之
樂湯沸元窮酒食珍味磐錯於前衣服輕煖璽
馬文飾所以自奉者麗靡爛漫不可勝極黔首屈
竭民力單盡尚不日知又急誹謗嚴刑刻下之闇上
聾臣等故去臣等不惜臣之身惜陛下國之亡耳臣聞古

敦煌遺書《說苑·反質篇》局部　唐代　敦煌研究院藏
攝于"文明的印記——敦煌藝術大展"

隆冬
戊日
大雪 初候，鹖鴠不鸣

> "当我今天回过头来检视我用四锭马蹄银换来的无价之宝时，这笔交易简直有点不可思议。"
> ——匈牙利裔英国考古学家 斯坦因

藏经洞被发现时的历史背景

今天我们往往会一致谴责王圆箓的糊涂或贪婪。但当我们回到历史的时间点，却发现事实并非那么简单。

王圆箓发现藏经洞后，也是大吃一惊，并且第一时间就向地方政府汇报；当时的官府却置若罔闻。这时候的王圆箓虽然四处奔走，但当地无人认识到洞内这批古物的价值。最终王圆箓提笔给老佛爷——慈禧太后写了封信。这封信是否真的到了老佛爷手上无法考证。四年后，王圆箓终于得到上级指令：就地封存管理。虽然也有文人恳请政府将它们运到省城，但运费需要四五千两银子，当时的清政府根本不可能有钱来做这种"闲事"。

正是在王圆箓发现了这些遗书的七年之后，号称崇拜玄奘的斯坦因出现了，他迷惑住了王道士，以少量银钱换取了珍贵文物。自此，藏经洞的文书与佛画便经王圆箓之手开始流向国外。

当我们再次翻看这段历史的时候，无法把敦煌遗书的流失和时代分开。王圆箓发现藏经洞的1900年，又叫庚子年。熟悉历史的读者一定听说过"庚子赔款"。就在敦煌藏经洞重现世间的两个半月后，八国联军占领了紫禁城。次年，中国与西方11个国家签订了《辛丑条约》，对外赔款四亿五千万两白银，史称"庚子赔款"。国家存亡的时刻，谁又会在意远在大西北出土的经卷文书呢？

当得意的伯希和在北京无意说出这些宝物的由来，罗振玉等学者惊醒，上报学部将劫余的敦煌遗书解送北京。然而，就在路上，经卷也是遗失无数。据统计，最后真正运入京师图书馆的敦煌遗书，已经不及当初藏经洞发现时的五分之一。

敦煌遗书的流失仅仅是国耻吗？

藏经洞的发现史，就是敦煌遗书的流失史，也是半部国难史。敦煌遗书和文物的散失对中国文化造成了难以估量的损失。但历史总是充满了机缘，这在客观上推动了东西方学者从不同角度对敦煌遗书进行整理和研究，于20世纪30年代在世界范围形成了一门新的学科——敦煌学。

盗宝人伯希和在藏经洞

隆冬 庚日

大雪 初候，鹖鴠不鸣

> "长兴伍年岁次甲午六月十五日，弟子三界寺比丘道真乃见当寺藏内经论部不全，遂乃启颡虔诚，誓发弘愿，谨于诸家函藏，寻访古坏经文，收入寺中，修补头尾，流传于世，光饰玄门，万代千秋，永充供养。"
>
> —— 敦煌遗书 敦研345号

藏经洞封存谜团

对于藏经洞的封存，各界学者提出了不同假想，大体可以归为以下几类。

一、"避难说"，代表为伯希和。

作为较早一批深入莫高窟探险寻宝的探险队长，他认为藏经洞封存大概在1035年之前，主要是为了躲避西夏入侵——匆忙之中僧人把诸多珍宝杂乱堆砌到藏经洞之中，这就是所谓的"避难说"。

二、"废弃说"，代表为斯坦因。

斯坦因曾对洞中物品进行翻检后得出结论：藏经洞乃是从敦煌各寺院中收集来的"神圣废弃物的存放处"。藏经洞里面存放了大多遗弃不用的物品，陈列上相对杂乱，毫无章法。因为佛教用物不比寻常用品，既不可以随意丢弃，更不能烧毁。

三、其他，如"修复说"。

近代国内敦煌学专家指出，藏经洞文物和三界寺道真大规模搜罗古坏经书和修补活动密切相关，藏经洞极有可能是道真修补损坏经文的"故经处"。他去世后，三界寺僧人将其临时封存。

对于避难说、废弃说、修复说等，你赞同哪一种？

关于藏经洞来源的说法各式各样，很难有一种能立于不败之地。让我们试着从疑问出发，来探究历史的真相。但是也许正因为是难解之谜，才使得敦煌藏经洞充满了无穷的魅力。

敦煌遗书《归义军衙府酒破历》 唐代 敦煌研究院藏
摄于"文明的印记——敦煌艺术大展"

隆冬 壬日

大雪 初候，鹖鴠不鸣

"敦煌者，吾国学术之伤心史也。"
——历史学家 陈寅恪

敦煌遗书

敦煌遗书，是 1900 年世纪之交在莫高窟 017 窟一项惊世骇俗的发现，汇聚了众多珍贵的古代文献。这些珍贵文献因特定原因而被深藏，总计超过 6 万卷，内容包罗万象，涵盖了宗教经典、官府档案、私人信件、儒家经典以及非汉字文献，其中佛教经典占据了绝大多数。

这些敦煌遗书，时间跨度主要为 4 至 11 世纪，包含了手抄本与印刷本，是探究古代中国、中亚、东亚及南亚地区历史文化不可或缺的珍贵资料，具有重要的历史研究价值。

遗憾的是，由于种种原因，这些文化遗产如今散落全球各地。据初步统计，流失海外的文献约为三分之二，国内所存仅为三分之一。

1994 年，在海外资金的资助下，致力于文化遗产整合与共享的国际敦煌项目（IDP）应运而生。大英图书馆、中国国家图书馆、俄罗斯科学院东方文献研究所、日本龙谷大学、敦煌研究院、法国国家图书馆等各国机构纷纷加入。通过 IDP 网站，全球学者及公众得以一窥丝绸之路的丰富文献，这种国际协作模式亦为其他人类文化遗产的保护与利用树立了新的范式。

作为中国人，如何看待敦煌遗书的流失？

历史不可以倒流，单纯的痛心于事无补。我们应当正视敦煌遗书的流失对敦煌学在全球发展的促进，同时也要肩负起当代中国人的责任和使命，让更多人了解敦煌遗书，促进敦煌遗书的回流及数字版本的共享。

段文杰先生正在摹绘敦煌壁画

隆冬 甲日

大雪 二候，虎始交

"我心归处是敦煌。"
——敦煌研究院名誉院长 樊锦诗

莫高窟守护三杰

这里说的守护神，不是守护虚拟佛国世界的四大天王，而是守护真实莫高窟的三位前辈，他们分别是：常书鸿、段文杰、樊锦诗。

• 常书鸿（1904—1994年），被称为第一任"敦煌守护神"。作为旅法油画家的常书鸿先生，1935年在塞纳河边第一次看到《敦煌石窟图录》，由此受到敦煌文化的感召。他在1943年带领第一批志愿者来到莫高窟清理流沙、修建破损的洞窟栈道、搜集整理流散文物。此外，他还举办大型展览，并撰写学术论著，可以说把一生都献给了敦煌。

代表事迹：筹建国立敦煌艺术研究所（敦煌研究院前身）。

• 段文杰（1917—2011年），著名敦煌学家和画家。段文杰先生是近代敦煌石窟整窟临摹和巨幅壁画临摹的首创者，也是敦煌学研究的开拓者。1946年开始，段文杰先生共临摹各洞窟不同时期的壁画360余幅，他的临本形象准确，色彩真实，技巧纯熟，可谓代表了敦煌壁画临摹的最高水平。

代表事迹：复原《都督夫人礼佛图》。

• 樊锦诗生于1938年，人们因为《我心归处是敦煌》一书了解到这位低调的学者，她是敦煌研究院的终身名誉院长。从北大毕业后到敦煌，樊锦诗先生便再也没有离开过这里。退休之后，樊锦诗先生还在为敦煌研究院的发展、敦煌的旅游开放规划、数字化建设发挥着光和热。

代表事迹：推动数字敦煌项目。

是什么样的力量支持着他们?

早年敦煌的物质条件可以说极为艰苦。唯有强大的精神力量——对敦煌文化的热爱和对历史的责任感，让老一辈学者们殚精竭虑，终其一生守护敦煌。他们用青春和热血守护着莫高窟，让千年的敦煌艺术在今天仍然拥有鲜活的生命。这值得我们敬佩，更值得我们学习。

莫高窟九层楼侧影

隆冬 大雪 二候，虎始交

"目前敦煌石窟面临的最大难题，是如何处理挣钱和保护的关系。"

——敦煌研究院名誉院长 樊锦诗

石窟面临的难题

随着"敦煌热"，小小的莫高窟每年都会吸引数以百万计的中外游客不远万里前来观光。可是，开放洞窟在为莫高窟带来经济和社会收益的同时，也会给千年古窟带来种种人为的危害和影响。

- 莫高窟内部洞窟狭小，空间相当局限。

在莫高窟有壁画和彩塑的 492 个洞窟中，面积在 100 平方米以上的大型洞窟仅 18 个，面积在 25 平方米以下的洞窟占总数 83% 以上，可承载的游客量极为有限。

- 莫高窟属于文化遗址，无法按旅游要求进行改造。

因为洞窟本身是石窟寺，无法按照博物馆展陈的要求做现代化改造，因此也不具备如博物馆一样开放的条件和功能。

- 壁画非常脆弱，游客人数太多或停留时间太久，就会打破洞窟原有的小气候环境。

洞窟内的壁画和彩塑是采用当地的麦草、泥土、木材制作而成，材质脆弱。受自然和人为因素影响，壁画和彩塑已经出现了不同程度的病害，如酥碱、起甲、空鼓等，这些病害带来的损害几乎是不可逆的。

作为普通人，如何做到在参观中保护敦煌壁画？

亲身前往莫高窟当然是一生中难得的体验。一方面，自然要听从当地工作人员的安排，避免给壁画带来额外伤害；另一方面，要充分珍惜体验的机会，做好知识储备，免得白跑一趟。

工作人员用数字方式采集敦煌壁画

| 隆冬
丁日
大雪 二候，虎始交

"敦煌定若远，一信动经年。"
——《春宵诗》南朝梁 刘孝先

数字敦煌

庆幸的是：今天的敦煌不只在远方，更在互联网和数字世界中。

虚拟现实（VR）技术赋予古老的敦煌以科技的翅膀，使其焕发出数字化新生。早在20世纪80年代末，敦煌研究院便大胆地提出了"数字敦煌"的构想，旨在利用计算机和数字图像技术，达成敦煌石窟文物的永久保存与持续利用。

2016年，这一平台正式上线，涵盖经典洞窟与经典壁画两大区块。人们无须亲临现场，仅需轻触屏幕，便能欣赏到石窟内壁画与雕塑的高清图像，甚至体验虚拟现实之旅。据敦煌研究院官方消息，截至2023年，莫高窟4.5万平方米的壁画中，已有2.6万平方米完成数字化，数字化进程已实现过半。

数字敦煌项目的意义表现在哪些方面？

• 文物与壁画保护：由于时间、环境及人为等因素，石窟文物遭受的损害是不可逆转的。数字技术为遗产保护提供了宝贵的数字备份，通过高精度扫描，将壁画数字化保存，供后人观赏与学习。

• 石窟艺术展示：由于地理位置偏远、交通不便等因素，许多人无法亲临现场参观。数字化展示石窟艺术品，让更多人得以远程欣赏和学习。

• 缓解流量压力：大量游客的参观对实体石窟环境造成巨大压力。通过虚拟参观等方式，既能让更多人了解敦煌石窟，又能有效缓解人流压力。

• 全球文化传播：作为丝绸之路上的重要文化遗产，数字敦煌助力敦煌文化走向世界，让全球对敦煌文化感兴趣的人有机会深入了解和学习。

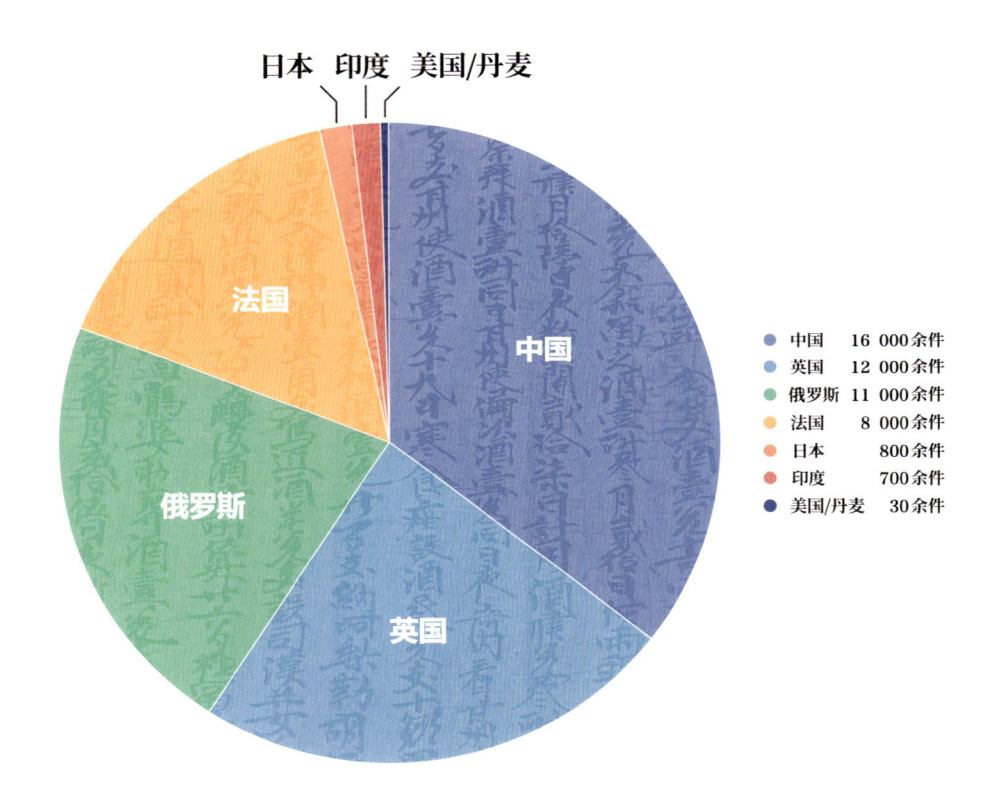

国家	数量
中国	16 000余件
英国	12 000余件
俄罗斯	11 000余件
法国	8 000余件
日本	800余件
印度	700余件
美国/丹麦	30余件

敦煌遗书在世界各地大致分布统计

隆冬 己日

大雪 二候，虎始交

"敦煌谁研究得好，谁就是中心"
——北京大学历史学系教授 荣新江

敦煌在中国，敦煌学在世界？

如何理解"敦煌在中国，敦煌学在世界"这句话？

首先要回到这句话提出时的历史背景，那是 20 世纪 80 年代。由于当时敦煌的文物流失及国外的学术研究远强于国内，作为中国人难免会感到尴尬。然而，在中国重新崛起，倡导"一带一路"国际合作的今天，重读这句话，其意义将更加丰富。今天的敦煌，已经是欧亚大陆和平贸易与交流的文明标志，我们从敦煌学中可以看到文明的多样性和互相融合。

敦煌是立足中国面向全球的敦煌。这座位于中国的小城，每年接待全球游客超过百万人次。以前，敦煌游客八成都是外国人，先是日本和韩国游客，后来是欧美游客。伴随着中国文化复兴，中国游客逐渐成为敦煌游客的主流。

敦煌学是一门全球共同参与的学问。国内的敦煌学研究中心包括敦煌研究院、北京大学敦煌学研究中心、兰州大学敦煌学研究所、中国社会科学院敦煌学研究中心等。除中国以外，在日本、美国、英国、法国和俄罗斯等国，同样有一批对敦煌学感兴趣的学者，他们依托本国所藏敦煌文献，开展敦煌学研究并有自己的特色。

敦煌遗书的伟大和局限性？

敦煌遗书内容庞杂，包括宗教典籍、官方文书、个人信札、中国四书及非汉文文献等，主要为 4 至 11 世纪的古代写本及印本，涉及历史学、考古学、宗教学、人类学、语言学、文学史、艺术史、科技史、历史地理学等，学术价值不可估量。

然而，由于藏经洞中的文物并非有系统、有条理的档案文卷，而是随意堆积而成。这些文献所供给后世的史料必然不够全面与均衡，因此也为研究带来了诸多限制。

壁画临摹对比图　水月观音　榆林窟002窟　西壁　西夏

隆冬
辛日
大雪 二候，虎始交

"敦煌石窟文物总有一天将全部消失，我们的保护就是在和时间'赛跑'，希望最大限度地延缓它的'衰变'。"
——敦煌研究院前院长　王旭东

五十年后还能看得到敦煌壁画吗？

专家预估，不少敦煌壁画将会在未来 50 年到 100 年内湮没于时间长河之中。大众可能会很纳闷：保护工作不是已经受到重视了吗，为什么还会这样？

这是因为客观的现实：整个莫高窟其实是在沙砾崖壁上构建的，敦煌洞窟中的壁画和彩塑，是由泥土、矿物颜料、动植物胶制作而成。这一物理肉身，自诞生之日起，就要受到风沙侵蚀、地质灾害、洞窟内小环境温度湿度的波动等多重因素的长期影响，每天都产生着"酥碱、起甲、空鼓"等病害。

樊锦诗先生曾说："敦煌壁画年老多病，颜料层可能会一片片翘起，逐渐变得酥软像酥团一样，甚至开门声大一点都会掉落……"正因如此，敦煌研究院的老师前辈们在不断做出各种努力来保护彩塑和壁画，最大程度保护壁画不受病害的影响，最大限度地延续文化遗产的寿命。

随着敦煌热的兴起，还有担心未来看不到的遗憾，更多人会簇拥到莫高窟一览壁画"真容"。这客观上更增加了敦煌壁画损毁的速度，所以莫高窟只能在保护的前提下进行非常有限度的开放。这也是游客前往莫高窟只能走马观花（看有限洞窟）的客观原因。

敦煌壁画最终真的会消亡吗？

我们拿植物来做比喻：植物的生长中，总有旧的叶子凋落，但如果新的叶子生长出来，这棵植物的生命就会一直存在。敦煌艺术在历史的发展中也面临着同样的情况。我辈的使命就是让敦煌艺术焕发新的生机。只有让敦煌走进数字世界，才能真正突破其物理肉身的局限。

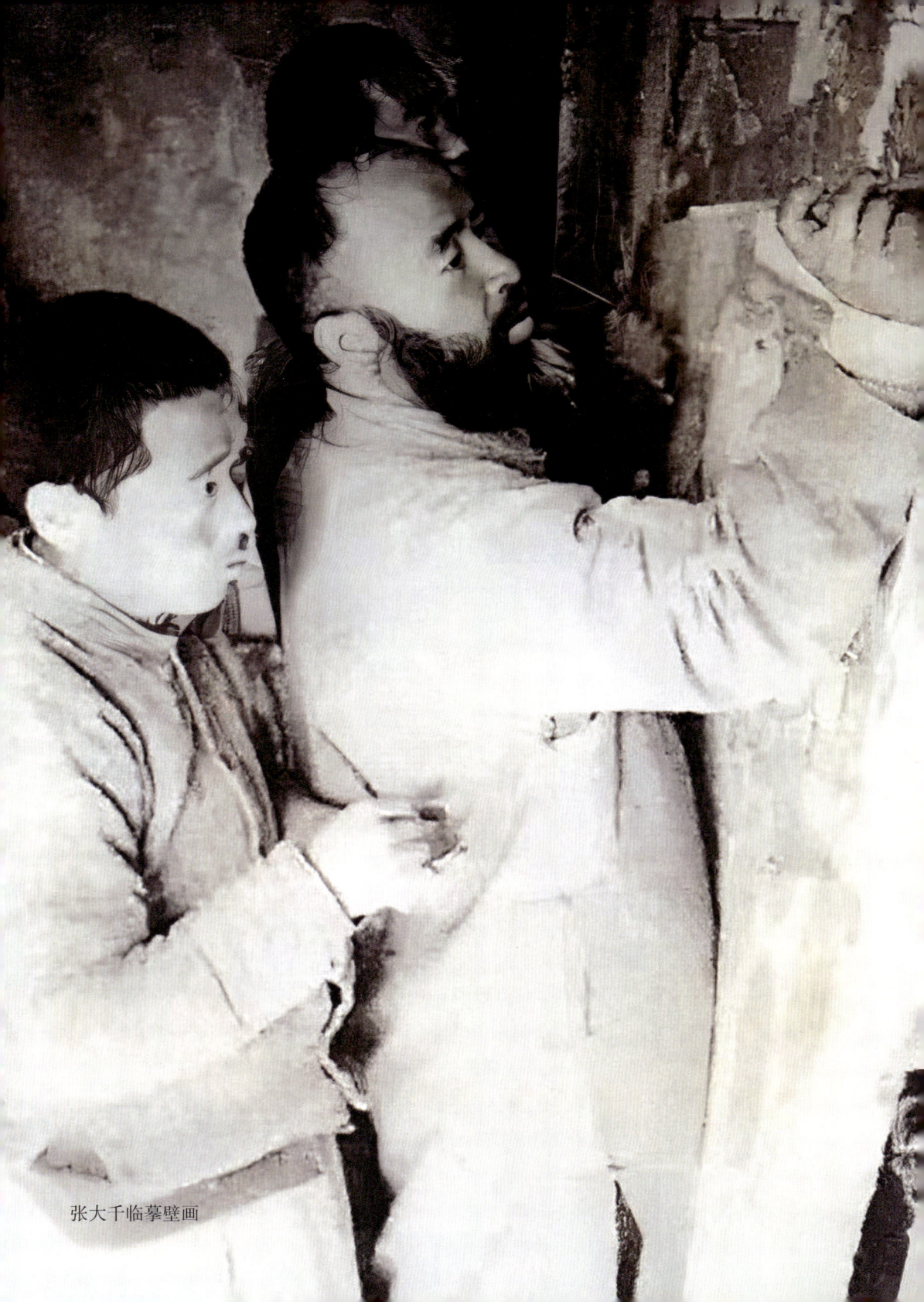

张大千临摹壁画

隆冬 官日
大雪 三候，荔挺出

"虽是临摹之本，兼有创造之功，实能于吾民族艺术上别辟一新境界。"

——陈寅恪评论张大千临摹敦煌作品

让敦煌被世界看见

说到近代的敦煌画师，最绕不开的人就是张大千。

1937年秋天，画家李丁陇孤身一人前往莫高窟临摹壁画，回来后举办敦煌石窟艺术展，他是中国第一个到达敦煌探宝的画家。

与李丁陇同校毕业的张大千，正是前去观看了李丁陇的画展后才做出了前往敦煌的决定。1941年，张大千不远万里，在漫天黄沙中抵达地处西北的敦煌；他在这里打开了眼界。

花了两年多的时间，张大千带着团队在此整理文物，为洞窟编号，临摹各种壁画276幅。对于张大千个人而言，这个时期是极为重要的。他后期绘画风格的确立，就是从敦煌开始的。

更为重要的是，张大千通过自己的努力让世界看见了敦煌。1943年起，"张大千临摹敦煌壁画展"在兰州、重庆举办，大批社会名流前来观摩。此前并不受重视的敦煌一时竟然成为全民关注焦点，国立敦煌艺术研究所（后来的敦煌研究院）由此成立。

有人诟病张大千对敦煌的破坏是怎么回事？

作为画家，张大千缺少文物研究者的谨慎和专业。比如在千佛洞临摹壁画的时候，张大千会用图钉把拷贝纸按在壁画上拓稿（这样出来的稿子很准确，但图钉不可避免地会在墙上钻出小孔，破坏壁画，因此后来明确规定为了保护壁画，临摹一律采用对临的方法，不许上墙拓稿）；甚至还出现过为看到更为早期的更珍贵壁画而剥去表层破损壁画的情况。

莫高窟的编号 P176

画师在临摹敦煌菩萨

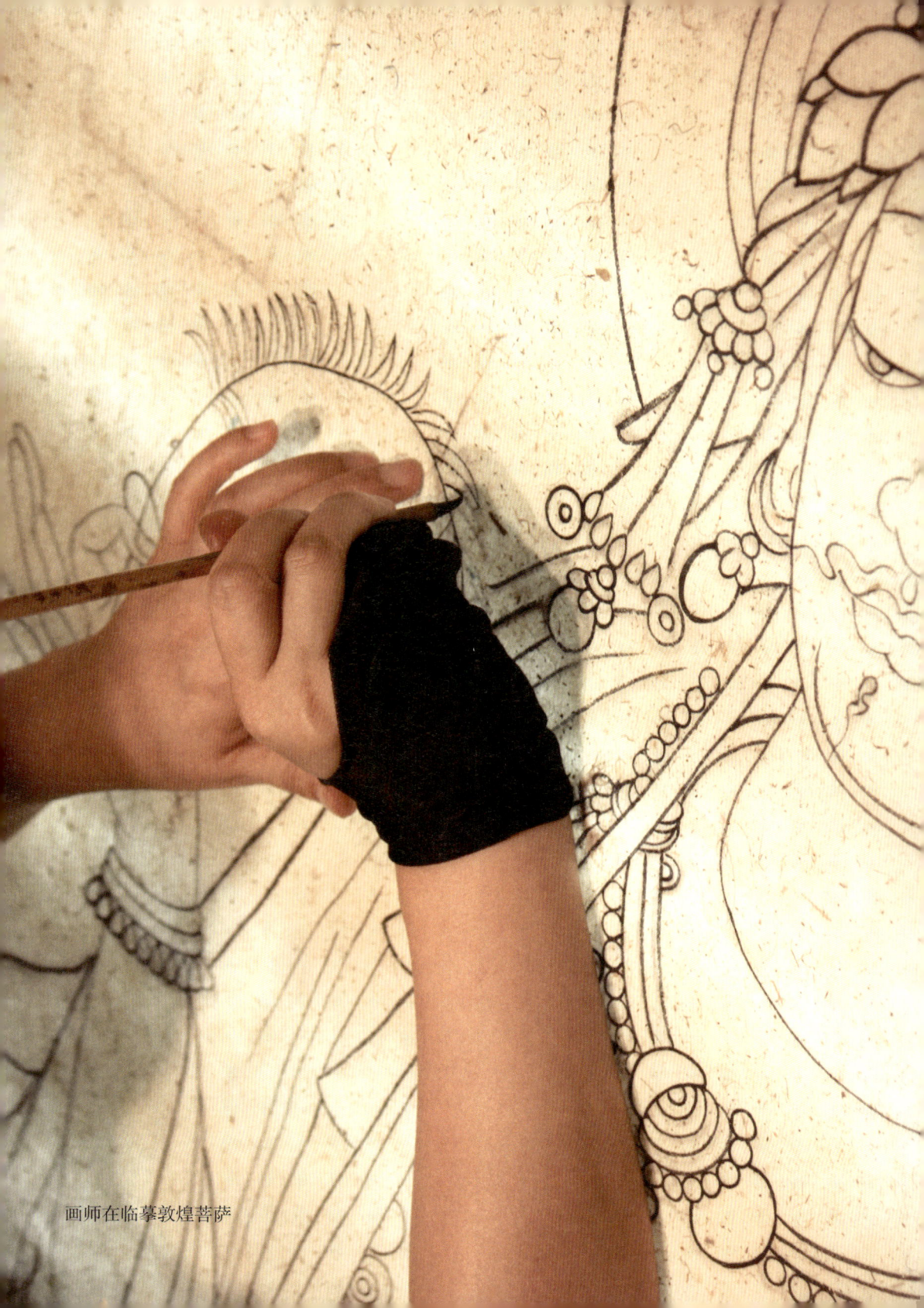

隆冬
癸日
大雪 三候，荔挺出

"心如工画师，能画诸世间，五蕴悉从生，无法而不造。"

——《华严经》

敦煌画师

敦煌画师向我们证明了：一个普通人也可以参与壁画创作，还可以做到让作品千古流传。无名者也可以成为英雄的故事，让我们深感振奋。当我们认真观察这些历史中真切存在着的无名艺术工作者的状态时，会发现：许多时候，我们把敦煌艺术看得太高不可攀、太遥不可及了。

如果试着用敦煌画师的视角来看敦煌，模糊斑驳的敦煌壁画反而会呈现出更为清晰的面貌。

敦煌画师，首先是一份职业。和文人画家不同，敦煌画师不需要那么高的天资。"传、移、模、写"——即便不会画画，也可以向古人模仿、学习。从画生干起，从填色开始，耐心地把师父说的一步一步做好了，就能进阶到下一个阶段。

一份工作，做得足够匠心就会成为艺术。画画，本质是一个勾勒线条、涂上颜色的技术活，但是敦煌画师们把这个技术活做成了艺术活。

我们会发现：敦煌画师，作为敦煌壁画中虚拟世界的创造者，和我们一样，都是现实世界中的普通人。他们在为别人摹绘希望的时候，也完成了自我价值的实现。把菩萨的笑容落在笔下，也就刻在了自己的心里。外界的种种困扰——战争、饥荒，或是疾病，在落笔的那个瞬间，与自己无关。

艺术和商业是如何在敦煌结合起来的？

历史上，敦煌画师用自己手中的艺术来服务于商业、政治、宗教，"这并不是一件多高的事，但也绝不是一件丢人的事情"。重要的是认真的态度，把活儿做成艺术的本事。耐下心来去看莫高窟003窟里的千手千眼观音的线描，你不得不承认那位偶然留下名字的史小玉，绝不是一个普通的画师。

画师正在临摹敦煌壁画

隆冬 政日

大雪 三候，荔挺出

"商盘周诰秦汉石，临摹扫秃千毛锥。"
——《送李扩还吴》 明 袁华

一群人，数十年，一件事

从 20 世纪 30 年代到今天，敦煌壁画背后活跃着这么一群人。他们中有赫赫有名的张大千、常书鸿、段文杰，但更多的是大众不知道姓名的一小群人。

他们大多生活在敦煌，以临摹敦煌壁画为使命。有些是职业需要，有些是爱好使然，有些是出于研究，但是他们有一个共同的名字——敦煌壁画临摹人。

这不到一百年的时间里，壁画临摹几乎曾是延续敦煌壁画生命的唯一方式。只有依靠经验丰富的画师们高超的壁画临摹技艺，才能做到为敦煌壁画"续命"。

除了作为保护的手段，壁画临摹还是探索历史和古人心路历程的有效通路。面对正在不断磨灭的敦煌壁画，人们总会好奇：这幅壁画曾经是什么样子？当时画这幅画的出发点是什么？当年绘画者究竟希望表达什么？

敦煌壁画临摹恰恰就是寻找这些答案的最好方式。

临摹也是一种艺术创造吗？

这个话题在当代尚有争议，但在古代早已定性。"传移模写"自古以来就是画师们相互传承的重要手段。魏晋至唐，不少名画家曾参与壁画的临摹绘制。千百年来，画师们通过传承前人技艺、临摹技法、相互学习，延续敦煌壁画这一伟大生命。他们既是过去敦煌文化的传承者，又是新的灵感、艺术、杰作的创作者。

现状性临摹和整理性临摹　乘龙天人　莫高窟329窟　主室西壁　初唐

隆冬

大雪　三候，荔挺出

"完全一丝不苟地描，绝对不能参入己意。"
——近现代画家　张大千

敦煌壁画临摹分类

"临摹"这个词中，"临"和"摹"是分开的——临，是对照着画；摹，是把原画叠在薄纸下进行摹绘，两者都是学习绘画的重要方法。

在敦煌艺术领域，"敦煌壁画临摹"所指的含义更为宽广和深刻。"敦煌""壁画""临摹"组合在一起的时候有着独特的历史含义。敦煌壁画临摹工作并非完全照猫画虎的被动式摹写，它首先要求临摹者对壁画进行全面深入的解读研究。

从研究保护的角度出发，敦煌主流学术界把临摹分为三类，即现状性临摹、复原性临摹和整理性临摹。

• 现状性临摹——堪称"人肉照相机"。时间和二氧化碳会不断地侵害现存的壁画（这也是很多洞窟永久不开放的原因），而现状性临摹就是对不断被磨损的壁画现状进行完全客观复制的临摹方法，相当于不断记录的"人肉照相机"。

• 复原性临摹——复原壁画初创者对于壁画的绘制。临摹者要基于现有的构图和史料反复研究，最后推测出当时的壁画应该是如何呈现的。要做到这一点，对绘画者的美术和历史理论功底要求极为严格。

• 整理性临摹——介乎上述两者之间。既保留壁画的历史感，也适当复原壁画的主体部分，从而使得原本破损的壁画具备完整性。

从面向创作和大众的角度出发，敦煌画院提出将"创意性临摹"作为第四种分类方式。基于丰富的摹绘经验，创作者可以加入自己的理解，通过适度修改画面和绘画材质，增加新的表现力。

专家们为什么要这么仔细地界定"临摹"？

临摹并不像看上去那么简单。从保护文物的角度出发，敦煌壁画的损毁是不可逆的，把每个时期敦煌壁画的现实情况如实反映出来，对于保护和研究极为重要。在数字手段并不发达的早期，临摹几乎是修复壁画的唯一手段。

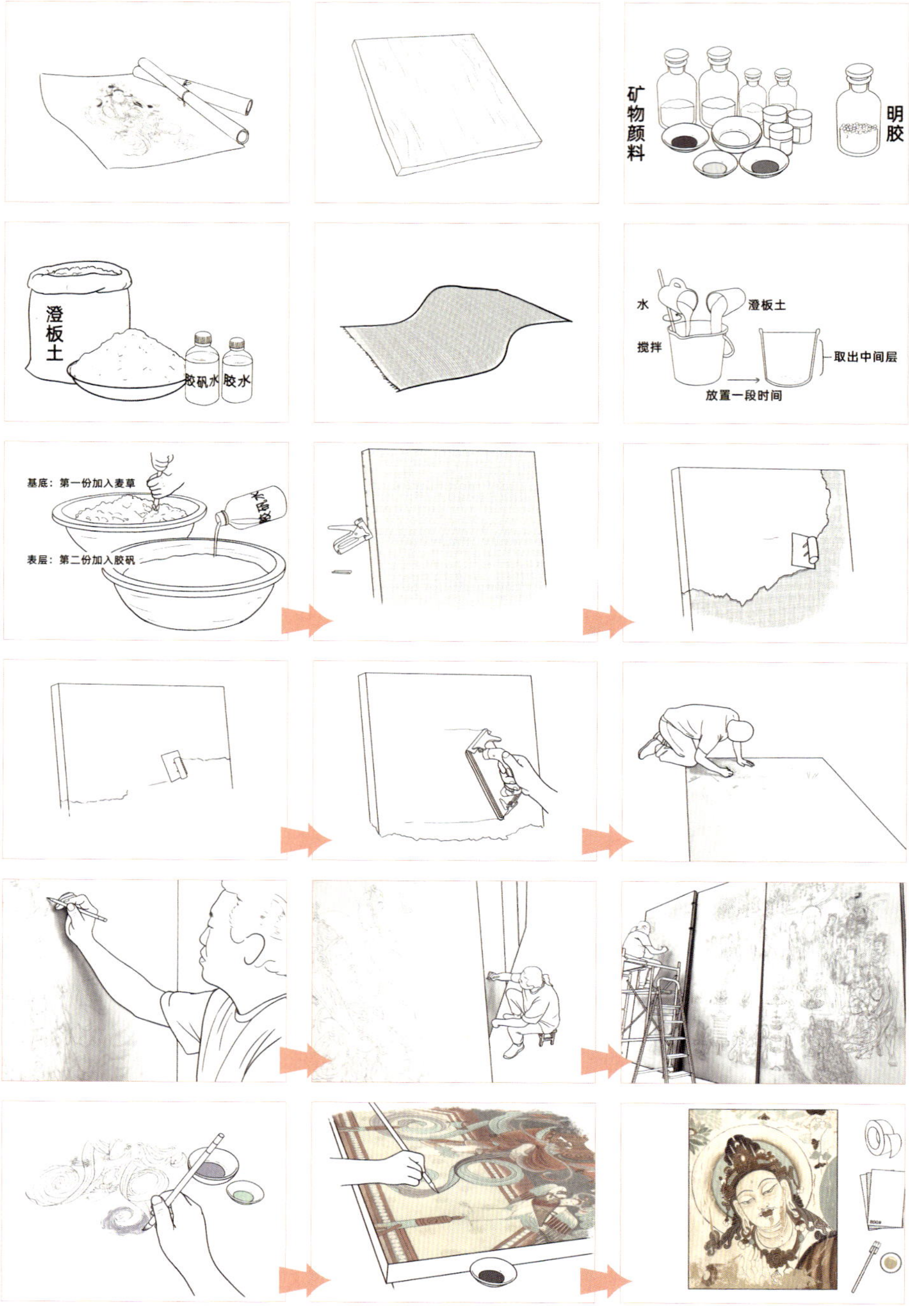
矿物颜料
明胶
澄板土
胶矾水
胶水
水
澄板土
搅拌
取出中间层
放置一段时间
基底：第一份加入麦草
胶矾水
表层：第二份加入胶矾

隆冬 帝日

大雪 三候，荔挺出

"三沙六土一分灰"
——泥板制作古法

少有人知的"泥本临摹"

如果把敦煌壁画临摹按照介质细分，又可以分为纸本、绢本和泥本等临摹方式。其中，要数"泥本临摹"最为专业且不为外界所知。

作为"高阶玩法"，泥本临摹能传递出原汁原味的敦煌气息，对技艺和经验要求较高，所以只适用于经验丰富的专业画师。

敦煌画院经过长期实践发现，临摹壁画时，直接画在熟宣或绢上面，不能完整体现敦煌壁画的厚重感觉和独有气息。相比之下，泥本临摹技法虽然难度更大，但复原效果也更为突出，能够真实还原壁画的本色和质地。

泥本临摹，所用的泥土须是敦煌当地的澄板土，因为这样才能和莫高窟中敦煌壁画的基底材质保持一致，最为贴近洞窟里的原始气息。附着麻质、敷泥、磨平，在漫长的筹备之后，画家才能提笔，在画板上小心翼翼地临摹。

有经验的画师方可在泥本墙面徒手起稿。根据内容的繁简程度，耗费的时间和精力都有差别，完成一幅大型壁画，少则七八个月，多则一年以上。从最初选泥到最后的敷色修改，每个步骤都是对画家耐心和功力的考验。

了解一下敦煌壁画泥板的制作工艺？

从莫高窟前面的宕泉河中取回澄板土，砸碎碾细后加水、麦草，和匀发酵，按照比例分别调配粗泥与细泥；整平地面，摆好木框，铺第一层粗泥，要薄，能遮盖纤维布即可；铺第一层麻丝，第一层纤维网。压实粗泥，铺铁丝网，加盖粗泥至稍低于木框平面，压实。铺第二层纤维网，压实；铺第二层麻丝，压实。加盖细泥，压平至与木框平面齐平，把四边切断，平稳取出木框，修边，三天取板，表面刷石灰水，阴干。

2 一笔千年 P213

观无量寿经变　榆林窟025窟　主室南壁　中唐（临摹）

隆冬 哲日
冬至 初候，蚯蚓结

"一代又一代艺术家前呼后拥向我们走来，每个艺术家又牵连着喧闹的背景，在这里举行着横跨千年的游行"
——《文化苦旅》余秋雨

敦煌非遗——用传承致敬历史

让我们记住古代敦煌画师，正是他们的匠心和接力，创造出了非凡的千古敦煌艺术。千年来，敦煌画师留名者，仅有十数人，但参与敦煌创作的人却何止于万，是他们接力创造出了流芳百世的敦煌艺术。

近百年来，一小群人把毕生精力投入大漠之中，长期甚至终身从事壁画临摹事业。以张大千、常书鸿、段文杰为代表的一代代艺术家，使得敦煌壁画技艺在近代得以薪火相传。让我们记住这些近代敦煌画师，正是他们的保护和努力，才使得敦煌艺术重新回到世间。他们是：

李丁陇、张大千团队、王子云、关山月、吴作人、叶浅予、

刘开渠、吴冠中、梁思成、潘絜兹、黎雄才、王朝闻、常书鸿、

段文杰、史苇湘、李其琼、董希文、霍熙亮、欧阳琳、李承仙、

李振甫等。

当我们不仅仅是停留在对敦煌壁画的保护和围观上，而是更愿意让敦煌艺术以"非物质文化遗产"的方式进入我们的生活中时，就标志着敦煌艺术的新生。

历史上的敦煌画师为什么值得尊重？

敦煌壁画之所以经典，不在于某位画师的灵光乍现。每幅壁画的背后，都有着一群人甚至数代人的付出；每幅敦煌壁画都不是单独成立的。从这个意义上讲，你看到的并不是某一幅独立画作，而是千百年来画师们的传承与接力。

2 史上不留名 P209

比邻鸣沙山的敦煌画院

隆冬 明日
冬至 初候，蚯蚓结

"接续1600年的美"
——《敦煌如是绘》

敦煌画院的前世今生

敦煌画院建制，可以上溯到五代归义军时期的沙州画院。历史上，曹氏画院发挥了组织画师系统绘制壁画的重要作用，在隋唐之后创造出了一个新的高潮。

1993年，为传承和发展敦煌艺术，由多名艺术家联合发起成立敦煌画院，杨士科先生（时任敦煌市政协主席）担任首任院长。中国佛教协会主席赵朴初先生最后一次朝圣敦煌时亲笔题写院名，表达了殷殷寄托。

如果说敦煌研究院的使命是"研究和保护"，那么敦煌画院的使命则是"传承和创新"。建院30年来，敦煌画院以泥本临摹为立院之本，积累了大量泥本临摹精品。

2022年敦煌画院编著的《敦煌如是绘》，第一次面向公众系统阐述了当代敦煌画师的创作体悟和系列作品，获得第十八届"文津图书奖"推荐图书、"中国好书"年度入围等佳誉。

敦煌艺术的下一步应该是什么样的？

敦煌艺术不仅是莫高窟的物理肉身，更是不断生发的精神世界。沿着这条主脉，每个时代都会演绎出自己的精彩。敦煌画院的使命是"传承和创新"，不仅要向历史学习，更要面对未来。一方面，伴随着科技手段的进步，运用人工智能（AI）、沉浸技术等绘画工具，让艺术服务于生活。另一方面，敦煌画院也在积极推动敦煌艺术走进青少年课堂，让美代代相传。

五十年后还能看得到敦煌壁画吗？ **P155**

画师用白描技法临摹敦煌壁画

隆冬 正日 冬至 初候，蚯蚓结

"夫画者，成教化，助人伦，穷神变，测幽微。"
——《历代名画记》唐 张彦远

白描修心

为什么用墨线勾勒，却叫作白描？因为黑与白永远是相对的，黑色的线条反而勾勒出的是白色的空间感。以淡墨勾勒轮廓并不上色的"白描"技艺，创始人为宋代的李公麟，是在唐代吴道子"吴带当风"的线条基础上不断深化而来。

白描，对于敦煌壁画摹绘是极为重要的方法。对于当代画师而言，如何从敦煌斑驳的画面中提取线条是首要工作。要知道，经历了千百年的壁画，线、色都已部分脱落，敦煌画师需要系统学习，反复辨认和探索其造型的原貌，才能找出其中线条的来龙去脉，为后续创作提供确定的依据。再有经验的画师，也只有通过不断的练习来理解、掌握原壁画中线描的风格和特点，才能够勾画出接近原作的线条，找到"那一笔和古人心意相通"的意境。

对于新手而言，白描会不会很难？

对于新手而言，不要急于求成，练习的量多了，画的时间久了，手法自然也就娴熟，很多技法就刻在心中了。开始练习时，不用太受形体结构限制，要多体验顺畅的用笔感觉，享受绘画带给自己的乐趣。更重要的是，在练习敦煌白描的过程中，找到心流涌动的喜悦。

2 十八描 P237

敦煌九样临摹手册

隆冬 学日

冬至 初候，蚯蚓结

"看一百遍，不如自己动手画一遍。"
——一位敦煌临摹体验者的感悟

敦煌九样

　　看不懂敦煌，往往是因为我们仅仅是用眼睛去观赏敦煌，却未曾真正用手去"触摸敦煌"。一旦动手去触摸，那些曾被忽视的无数细节便会跃然眼前。

　　对于初学者而言，敦煌艺术丰富的内涵和精湛的技艺如同汪洋大海，往往让人感到无从下手。敦煌画院凭借三十年的壁画传承经验，推出了"敦煌九样"——这是对敦煌艺术中具有代表性的经典形象的全新整理。

　　敦煌九样，是敦煌白描入门的最佳范式。它不仅精选了敦煌壁画中具有代表性的图案，更有专业画师进行了全新的"白描绘制"。在这一过程中，既弥补了原壁画的残缺不全，更充分展示了中国传统绘画线条的魅力。

　　敦煌九样，分为九类，每类九张。你可以挑选自己喜欢的图案开始学习，当你完成所有图案的绘制时，相信你已经成长为一位当代敦煌画师。

　　我们的初衷，是引领人们通过白描的方式按图索骥地逐步深入认识敦煌。而在这个过程中，你不仅能感受到敦煌艺术的魅力，更能重新找回沉浸创作、心无旁骛的心流体验。

为何取名敦煌九样？

　　一方面，它涵盖了神兽、藻井、手姿、供养人等九类内容；另一方面，"九"在传统文化中象征着极大，代表着敦煌艺术内容的无穷无尽。当然，还有一个富有创意的谐音梗："敦煌，就是这样"。

初访敦煌前的准备

经常有人问，想去敦煌要做哪些准备，带哪些东西？其实现代旅游业如此发达，物质上的准备应该都不是问题，对于敦煌之旅而言，更重要的反而是精神和知识层面的准备。

走马观花式的游览，并不适合敦煌。

如果想在游览时能够更加透彻地理解敦煌艺术，不妨先看些纪录片，直观地感受敦煌的气势与壮美，了解敦煌背后的千年历史。请带着一份敬意前往敦煌。不要把敦煌只是当作一个景区，这是能够触动灵魂的地方。

以下这些纪录片经得起时间沉淀、备受好评，是公众了解敦煌及其背景知识的直观资料。

《河西走廊》（2015）

甘肃省委宣传部和中央电视台科教频道联合出品，多角度呈现了从汉代开始直至今天，河西走廊及其连接的中国西部的历史，以及在中国文明进程中所发挥的独特作用。"河西走廊关乎国家经略"是贯穿全篇的主题。

网友评论："兰州—武威—张掖—酒泉—敦煌，直到嘉峪关，早晚有一天我会一路走下来。"

《丝绸之路》（1980）

日本放送协会（NHK）和中国中央电视台（CCTV）联合制作。20世纪70年代末拍摄，80年代播出，探索丝绸之路的壮丽景观、历险故事、文化艺术及沿途人民生活状况。

网友评论："双重意义上的纪录片：对丝绸之路的记录，对80年代中国，尤其是西部的记录。"

《敦煌莫高窟　美的全貌》（2008）

NHK出品。这是世界上首次使用高清摄像机拍摄的敦煌莫高窟纪录片，画面精细，呈现出30个洞窟的全貌。

隆冬
冬至 初候，蚯蚓结

> "长风几万里，吹度玉门关。"
> ——《关山月》 唐 李白

网友评论："配乐和旁白都十分契合，能静下来慢慢欣赏的纪录片。"

《敦煌》（2010）

中视传媒股份有限公司和敦煌研究院共同出品。描述了十个人物的命运故事，生动展示敦煌历史与文化。有命运多舛的舞女程佛儿、寡妇阿龙、无名的小画匠、商人沙拉、探险者斯坦因、敦煌守护者常书鸿等。

网友评论："去敦煌前看了一遍，当科普；从敦煌回来又看了一遍，当补遗。怎么能不爱这戈壁上的每一粒沙。"

除了纪录片，还有其他推荐吗？

必去的网站——数字敦煌。

如果预先用 3D 虚拟的方式看一遍准备去的洞窟（尤其是需要额外付费的特窟），再亲身前往，应该是一种难忘的体验。

另外，"数字敦煌"也是造访那些永久不开放洞窟的唯一选择。

永久不开放洞窟 P179　敦煌常伴——书籍推荐 P194

莫高窟的编号

在了解敦煌知识的过程中，如果能记住石窟编号，会让你自己找起壁画来很方便，也会让别人对你另眼相看。

然而敦煌石窟的编号究竟是谁编的，又是按照什么规律编的？人们的第一想法会以为是依据石窟的修建年代，但其实众多同年代的石窟编号间却没什么规律。

如果你亲身来到莫高窟，会发现大多数洞窟其实都有三个不同的编号，居中的是敦煌文物研究所（敦煌研究院前身）的编号，C是张大千编号，P是伯希和编号。

伯希和编号是为了配合伯希和自己考察拍摄所需，保护和研究意义并不大。

张大千先生亲赴敦煌的时候，以祁连山的水流方向、从南到北、由低向高、再由北向南、由下至上往复进行，若"之"字形，给所有的洞窟编了号，共编309号；他还亲自把号码和建窟朝代写在洞口，千佛洞一直留有他黑色毛笔繁体字的笔迹。

1964年敦煌文物研究所对所有洞窟进行了统一编号，基本沿用了张大千的编号，只是将其中附于大窟的小窟、耳洞单独编号，并将一些洞窟的顺序重新编排，共计492窟，沿用至今。

隆冬 保日

冬至 二候，麋角解

"窟号编法，为余此次所手创。因窟依山而建，排比参差，高下不一。欲观壁画，须先编号，庶免紊乱。"

——近现代画家 张大千

敦煌研究院编号

329 初唐

C.132　P.144

张大千编号　　伯希和编号

古人是如何区分这些洞窟的呢？

关于这个问题，其实专家也没有特别精准的答案。毕竟古人不以游览为主要目的，如果是营造洞窟的匠人，通常会以窟主姓氏代称洞窟，例如"曹家窟""翟家窟"等。

千手千眼观音　莫高窟003窟　主室北壁　元代（临摹）

隆冬 至日

冬至　二候，麋角解

"敦煌莫高窟神秘的第3窟，从来不对世人开放，在那里有一幅据说是史小玉创作的千手观音，那是一幅举世之作，无论是当时还是现在……这幅画都堪称伟大的画作。"

——《敦煌》纪录片总导演　周兵

永久不开放洞窟

有些特定的窟被列为永久不对外开放的洞窟，如果你不是专业文物工作者，理论上讲，此生与其无缘了。这些洞窟不开放的原因各异：有的是因为洞窟面积太小，有的是因为破损较为严重，需要保护修复。

因为不对外开放，这些窟更加具有神秘感。来了解下这些此生不能相遇的代表性洞窟。如莫高窟275窟，莫高窟最古老的洞窟之一，开凿于北凉时期；莫高窟285窟，开凿于西魏年间，中西方文化交融代表；莫高窟003窟，元代洞窟，壁画中的千手千眼观音达到了炉火纯青的地步。

莫高窟003窟是现存唯一以观音为主题的洞窟（俗称"观音洞"），也是莫高窟艺术成就最高的洞窟之一。此窟艺术价值高，但面积非常狭小，不适合开放参观，今天人们只能通过画册来体会千手千眼观音美妙的笔法。

我们如何才能接触到这些永久不开放洞窟？

在莫高窟外（及大型敦煌主题展览）会设置"复原窟"，是一种非常好的体验替代方案。除此之外，可以通过"数字敦煌"网站来了解这些神秘的洞窟。

2 无穷无尽的千手观音 P035

莫高窟的标志建筑——九层楼

隆冬 神日

冬至 二候，麋角解

"南朝四百八十寺，多少楼台烟雨中。"
——《江南春》唐 杜牧

不普通的普窟

莫高窟共有洞窟 735 个，其中有壁画和塑像的艺术洞窟 492 个；敦煌研究院会定期选择适合开放的洞窟。如果在旅游旺季来到莫高窟参观，在专业讲解员的带领下可以随机参观其中 8 个洞窟（如果临时买的应急票，只能看 4 个洞窟）。

这里简要介绍几个常年面向大众开放的洞窟：

• 莫高窟 096 窟，俗称"九层楼"，又称"大佛殿"。初唐年间修建，窟内有一尊世界上最大的室内盘腿而坐的泥胎弥勒佛造像，是莫高窟的第一大佛，莫高窟的标志之一。

• 莫高窟 016 窟，俗称三层楼，由三层木结构窟檐建成。

• 莫高窟 017 窟，又称"藏经洞"，属于莫高窟中为数不多的窟中窟。始建于晚唐，在 016 窟甬道北壁由王道士清理积沙时发现，是世界考古史上的重大发现。

• 莫高窟 158 窟，又称"涅槃窟"，也就是我们常说的睡佛窟。

• 莫高窟 061 窟，有敦煌壁画中最大的全景式历史地图——《五台山图》。

• 莫高窟 428 窟，莫高窟最大的中心塔柱窟，有连环画式的佛本生故事壁画。

• 莫高窟 257 窟，最大的看点是《九色鹿王本生》经典壁画，即《九色鹿》动画短片的渊源。

普窟的艺术价值是不是比较普通？

莫高窟每一个窟都是我国古代艺术的经典。普窟和特窟的根本差别并不在于艺术价值的高低。它们的分类主要依据洞窟的大小、保护与损毁情况，以及是否适合大量游人参观等客观情况。

2 大像窟 P153

特窟的选择

和打包观看普窟不同，参观特窟需要单独收费，且价格不菲（每个窟价格在 150~200 元 / 人，时间限制在 15 分钟）。

特窟一般都具有较高的艺术水平，背后的历史文化内涵较为丰富，保存较为完整，具备参观条件。目前面向游客需要单独付费的特窟有 16 个（莫高窟为 12 个，榆林窟为 4 个）。

那么付费开放的特窟，各有怎样的特色？又该如何参观呢？在这里我们简单介绍一下。

莫高窟

275 窟（北凉）：敦煌年代最早的洞窟，有早期洞窟中最大的交脚弥勒菩萨像，其交脚坐式、三珠冠、三角形靠背以及双狮座都是犍陀罗艺术的典型表现。

045 窟（盛唐）：最美的彩塑群像，是唐代雕塑艺术的代表作。

220 窟（初唐）：《药师经变》中绘唐朝胡旋舞，翟家窟 300 年的信仰。

057 窟（初唐）：绘有莫高窟最美的菩萨形象，又名"美人窟"。

158 窟（中唐）：又称"涅槃窟"，有涅槃塑像与《各国王子举哀图》。

156 窟（晚唐）：规模最大、艺术水平最高的《张议潮统军出行图》。

217 窟（盛唐）：绘有最具代表性和影响力的青绿重彩山水画作品之一《化城喻品》。

322 窟（初唐）：绘有栩栩如生的菩萨和天王像。

159 窟（中唐）：吐蕃占领时期的代表性洞窟，绘有《维摩诘经变》《文殊变》，可见吐蕃人也很信仰文殊。

隆冬

冬至 二候，麋角解

"一寸光阴一寸金"
——《白鹿洞二首·其一》唐 王贞白

榆林窟

025窟（中唐）：北壁的《弥勒经变》中绘制着天龙八部和人们心目中的理想国。

002窟（西夏）：绘有两幅水月观音，其中"童子拜观音"那一幅中有唐僧师徒的形象。

003窟（西夏）：神秘的密宗洞窟，窟顶为金刚界五佛曼荼罗，东壁南侧绘有敦煌壁画代表作《五十一面千手千眼观音经变》。

004窟（元）：以密教艺术为主，其中绿度母最为精彩，还绘制有文殊出行图和普贤出行图。

特窟值得多花钱去看吗？

对于一般人而言，观看特窟的价格不算便宜，而且特窟不一定比普窟精美。如果你不是敦煌的"骨灰级发烧友"，普窟已经足够震撼，应该有所启发。如果你实在对特窟好奇，也可以通过数字敦煌网站来体验（其中含特窟057、217、220）。

莫高窟背后的三危山

隆冬
冬至 二候，麋角解

"文化当其正在健全生发的时候，总是像江流一般冲激汹涌、波涛滚滚；及至年湮代远，积流成海，往往沉滞寂静，无有力量。"
——《敦煌艺术与今后中国文化建设》 常书鸿

为敦煌研究院"点赞"

作为西部旅游城市，敦煌有莫高窟、月牙泉、鸣沙山、玉门关等大量景点。不过其中最经典的当数敦煌石窟（莫高窟、榆林窟、西千佛洞等）；石窟的文物管理单位是敦煌研究院。

敦煌研究院的历史早于新中国成立的1949年，其前身是1944年成立的国立敦煌艺术研究所（在当时国民政府教育部于右任的支持下成立，常书鸿任首任所长）。1950年改名为敦煌文物研究所，1984年扩建为敦煌研究院。

国立敦煌艺术研究所的成立离不开常书鸿先生。"敦煌守护神"这五个字镌刻在常书鸿先生的墓碑上（有兴趣了解这段早期历史的同学，可以读《敦煌三书》）。继任者段文杰、樊锦诗先生以保护敦煌为己任，付出了大量心血，完成了清理积沙、为石窟编号、壁画复原临摹修复、学术考证等大量繁重而细琐的工作。正是这几代人的努力，才使得今天的我们能够看到敦煌的美。

没有这些守护者的毕生付出，就没有我们眼前所看到的美妙的敦煌壁画。敦煌石窟艺术被妥善地保护，是敦煌艺术未来走入千家万户的物理基石。

所以，请为敦煌研究院的工作人员所付出的努力"点赞"。无论是近代史上的"敦煌守护神"，还是默默奉献自己青春和时光的普通工作人员，他们都值得我们的尊重。

敦煌研究院的角色和定位是什么？

和其他景区管理单位不同，敦煌研究院兼顾研究、保护和游览接待。一面是游客的游览需求，一面是对石窟壁画的保护需求，敦煌研究院一直努力在两者之间寻求一种平衡——既要尽到文物保护的历史责任，也要注重面向社会的宣传效益。为此，敦煌研究院付出了许多辛苦和努力；尤其是数字敦煌项目的推动，让更多人在屏幕前就可以感受敦煌石窟的魅力。

莫高窟守护三杰 P147

莫高窟雪景

隆冬 道日 冬至 三候，水泉动

"我期待大家有机会都来我的故乡敦煌看一看。一年四季来敦煌都特别合适。只有亲身来到这里，你才有更深的体会。这是你听广播、看纪录片都无法替代的。"

——敦煌文化讲述人 李艺

冬季，发现一个不一样的敦煌

本节内容是对游览敦煌的季节建议：要知道，敦煌是一个常住人口仅十余万的小城市，每年却需要接待上百万游客。因此敦煌的常态是"半年热闹，半年冷清"。

如果在"五一""十一"期间来到敦煌，你会发现这里人满为患——鸣沙山上堵骆驼，莫高窟前排大队，处处都是研学团。如果是初探敦煌，这些或许不会构成困扰；但对于想要深度解读敦煌的你，这样的环境就显得嘈杂了。

如果你想看到一个不一样的敦煌，冬季或许是个好的游览时间。首先是少了旅游团的喧嚣，其次工作人员也会更有耐心，最后物价也会友好很多。

希望你能找到一个安静的时机，真切体会和敦煌的接触，让敦煌的气息静静留在你的身上。

如何去敦煌？

作为一名去过敦煌多次的人，会面对来自很多人的疑问：什么时候去敦煌比较合适？应该参观敦煌的哪些地方？该看哪些窟？能不能安排或推荐一条路线？我想先问一个问题："你做好准备了吗？"不只是金钱、物质或者体能方面的准备，还包括对敦煌文化、历史、艺术的预先了解和相关知识的储备。相信你会在这些准备中，找到前往敦煌的答案。

初访敦煌前的准备 P174

榆林窟的栈道

隆冬

冬至 三候，水泉动

"端严峇谷内，霤水常流，树木稠林，白日圣香烟起，夜后明灯出现，本是修行之界。"
——榆林16窟前甬道北壁墨书天赐礼盛国庆五年(1073)题记

另一个选择——榆林窟

正因为莫高窟盛名远播，所以每逢假期人满为患，一票难求。经常有人抱怨去了之后只能匆匆打个卡，甚至买不到票。

这里推荐另一个同样精彩绝伦的选择——"榆林窟"（又叫作榆林寺、万佛峡）。

榆林窟，堪称莫高窟的姐妹窟。1961年成为第一批全国重点文物保护单位，位于今天瓜州县城南约70公里的峡谷之中。榆林河从峡谷中穿流而过，两岸榆树成林，石窟因此得名。榆林窟现存洞窟43个，分布在榆林河两岸长约500米、高约20米的陡立崖壁上。

如果说莫高窟代表了敦煌石窟艺术的最高峰，那么榆林窟可以说是敦煌石窟艺术的"下半场"；它并非莫高窟的简单复刻。

- 榆林窟开凿于唐代（唐代是石窟艺术的巅峰，所以"出道即巅峰"）。这一时期共开凿了17个洞窟，被誉为"敦煌石窟艺术之冠"的榆林窟025窟就开凿于中唐时期。

- 五代归义军时期，崇尚佛教的曹氏家族在此地大力兴建石窟，新建洞窟13个，重修洞窟24个。

- 西夏元时期，榆林窟共开凿6个洞窟，其中的4个西夏洞窟显密并存，将两种风格融于一窟。

榆林窟和莫高窟有什么不同？

榆林窟的壁画可以说是同样精彩，不同的是喧嚣的人流少了很多。相比于莫高窟的喧嚣、庞大和繁复，榆林窟洞窟数量虽少，但主题集中、精品突出，且阶段分明，可以说是爱好者细访石窟艺术的好选择。

在敦煌看灿烂星河

隆冬

慈日

冬至　三候，水泉动

"星汉灿烂，若出其里。"
——《观沧海》三国　曹操

敦煌观星地

十多年前有次机缘，笔者露宿戈壁，夜里出帐，无意抬眼，竟然看见了满目耀眼的星河灿烂。这次难得的体验，从此深深留在了记忆之中，久久不能忘怀。

本来以为只是一次偶遇，后来才知道，敦煌是国内著名的观星胜地，具备独特的观星条件。

一来敦煌位于西北，四周为戈壁沙漠，光污染少；二来敦煌的空气清新，气候干燥，所以夜晚晴空率很高。

秋天晚上，在敦煌的鸣沙山沙漠上可以看到银河系的壮丽景象。眼前的银河系呈现一条亮带，横跨整个天空，延伸至地平线两侧。它的亮度和壮观程度让人惊叹，特别是在没有光污染的环境中，甚至能清晰地观测到银河的细节。

如果你想找到不一样的敦煌，那么千万不要错过在敦煌夜间观星的体验。

科技如此发达的今天，古老的观星经验能带给我们什么样的启示?

古人曾用裸眼和耐心对宇宙进行了深入的探索，并开发出了占星术等相关学问。这些早期经验已经融入我们今日的生活，如大家熟悉的十二星座（黄道十二宫）。今天可能看起来不甚科学的记录，却是人类对这个宇宙的最早探索。也时刻提醒着我们，我们和古人分享着同一个世界。

黄道十二宫和十二星座 **P123**

茫茫戈壁滩

隆冬顺日

冬至 三候，水泉动

> "宁可就西而死，岂归东而生。"
> ——《大唐大慈恩寺三藏法师传》唐 慧立

戈壁徒步——重走玄奘之路

敦煌的无穷魅力，除了石窟之内的壁画艺术，还有石窟外的茫茫戈壁。历史上在茫茫戈壁上行走过无数人，其中有一位中国人，几乎无人不知，无人不晓，他的名字叫玄奘（唐三藏）。

然而，今天的唐僧有多出名，当年的玄奘就有多窘迫。

让我们看一下这段玄奘曾经走过的路：贞观元年（627年，一说贞观三年），玄奘从长安出发，经过长途跋涉抵达瓜州。因当时的唐王朝与突厥、高昌正处于敌对状态，朝廷派兵严守瓜州各处关口，不准军民私自越境。

而玄奘的西行计划并未获得官方允许，所以属于"私往天竺"（按照今天的说法算是偷渡），遂成为凉州官方捕捉的通缉犯。他一路昼伏夜行，好不容易到达瓜州之后，却因守备森严无法出关。一个多月以后才在一个胡僧（名石磐陀，是《西游记》中孙悟空的原型）的帮助下顺利过了玉门关。

过玉门关之后，玄奘一路西行，穿过五烽，经伊吾（今哈密）、高昌王城（今吐鲁番）、凌山（今别迭里山口）出中国疆域，再经中亚和南亚小国，于631年抵达摩揭陀国那烂陀寺。19年间，玄奘穿越了110个国家，历程5万里，西行之路上遇到的困难数不可数，但是玄奘一直秉承着"宁可就西而死，岂归东而生"的精神坚持了下来。

为了纪念这段伟大的历史，中央电视台拍摄了大型纪录片《玄奘之路》；而今天，每年都有数千名商学院的学子从瓜州县出发参加戈壁挑战赛。重走玄奘之路，感悟当年玄奘的精神，已经成为今天企业精英、徒步爱好者、青少年等群体积极参与的重要赛事和仪式项目。

玄奘精神，对今天的我们有什么启示？

玄奘前往取经的这条千年传奇之路，被后世总结成了六个字"理想、行动、坚持"。这种存在于历史中的精神力量，将激励我们每一个人坚持对理想的追求。

西行求法和玄奘取经 P115

敦煌常伴——书籍推荐

如果你是一名普通的游客，敦煌当然是值得一去的景区。但是，如果你是一位潜在的"敦煌粉"，那么敦煌将是你一生的向往之地，一个精神上的归宿，一旦踏足，便难以割舍。因此，每读一本关于敦煌的图书，就犹如重新回到了敦煌。

《敦煌——丝绸之路明珠 佛教文化宝藏》

作为目前豆瓣评分最高的敦煌图册，价格虽贵，却是良心之作（不过此书仅在当地由敦煌研究院出售，不公开发行）。网友评论："千里迢迢背回来，我自己都要给自己五星。"

《图说敦煌二五四窟》

并非关于敦煌的泛泛之作，作者带你深入这座曾令张大千、常书鸿、董希文等艺术家为之动容的北魏经典洞窟。网友评论："全书文笔能兼顾史学考古学之严谨、美学佛学之圆融，艺术性与学术性兼具，已经是一大不可多得了。"

《世纪敦煌》

通过对比早期探险家和孙志军老师镜头下跨越120年时间的莫高窟影像，可以看到莫高窟生命脉搏的跳动；看到一代代敦煌守护者为之奉献、着迷的缘由。网友评论："将现在的照片和1908年伯希和的照片直接对比，直观、震撼。"

《空间的敦煌——走近莫高窟》

与其他通过朝代史把敦煌艺术化解为线性进化不同，巫鸿老师提供了一个研究和理解敦煌艺术的新方式：以"空间"概念为切入点，把莫高窟当作可以实际走近和进入、可以用目光触摸的历史地点和场所。网友评论："这种空间的方法，不仅可用于石窟研究，各种话题都可以从多维空间的原境再度深究。"

《敦煌艺术通识课》

清华大学教授写给大众的敦煌艺术入门课。《敦煌艺术入门十讲》的再版，增加了美图。网友评论："文字图片一一对应，印刷精美，适合我们这种买不起

隆冬 忠日 冬至 三候：水泉动

富家不用买良田，书中自有千钟粟。安居不用架高堂，书中自有黄金屋。出门莫恨无人随，书中车马多如簇。娶妻莫恨无良媒，书中自有颜如玉。

——《劝学文》北宋 赵恒

豪华画册的人"

《敦煌如是绘——接续1600年美的历程》

敦煌画院出品，与大部分画册不同，这本书提供了一个画师视角下的敦煌：敦煌就是这么画出来的。这本书更多把敦煌艺术从遥远的过去带到今天读者的视野中。网友评论："铺开画纸、蘸饱颜料，从未想过有一天，没有任何绘画基础也可以亲手画一幅敦煌壁画。"

《敦煌——众人受到召唤》

采编团队对几代"敦煌人"进行了全面、深入的采访，呈现一场冥冥之中的相遇——一座洞窟与一群人的相遇，千年佛国与数十载人生的相遇。网友评论："一群人与敦煌相遇，在敦煌这个旋涡里粉身碎骨。无论时间如何在变，那些守护敦煌的人们的命运是不变的，后来者面对苦涩的未来，明知不可为而为之，是很伟大的事情。"

《敦煌大历史》

作为榆林窟的前讲解员，邢耀龙先生为人们了解石窟艺术提供了一个独特的视角：从敦煌这个小地方出发，见证中国历史的大场面。网友评论："读懂敦煌大历史，看到真正的敦煌之美。"

《中国传统色——敦煌里的色彩美学》

"中国传统色"系列图书作者郭浩老师又一力作，从敦煌壁画的矿物质颜色出发，揭示了敦煌壁画中许多关于色彩的细节。网友评论："每幅壁画都有做细致的人物讲解和色彩分析。"

《我心归处是敦煌——樊锦诗自述》

"敦煌的女儿"樊锦诗首度直面读者亲述自己不平凡的人生，是一本值得阅读的情怀之作。网友评论："樊老师的传奇人生，其中能看到特定历史的重要时刻，敦煌悠久灿烂的文化遗产。还有作为一个普遍意义上的'人'所能达致的纯粹境界。"

初访敦煌前的准备 P174

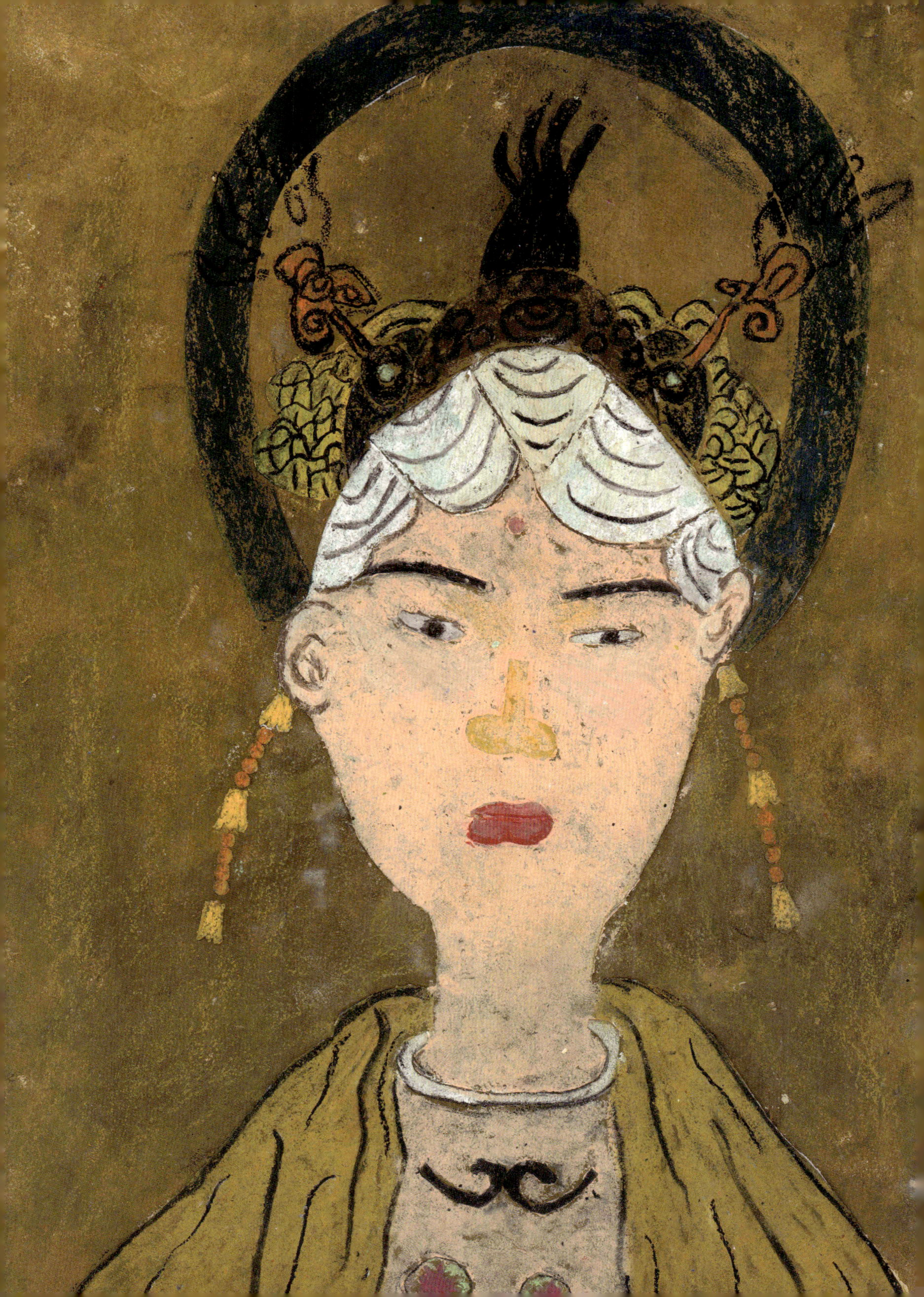

未来敦煌

暮岁

零落梅花过残腊,
故园归醉及新年。
——(唐)李频《湘口送友人》

不可思议的敦煌—共创敦煌—敦煌童画

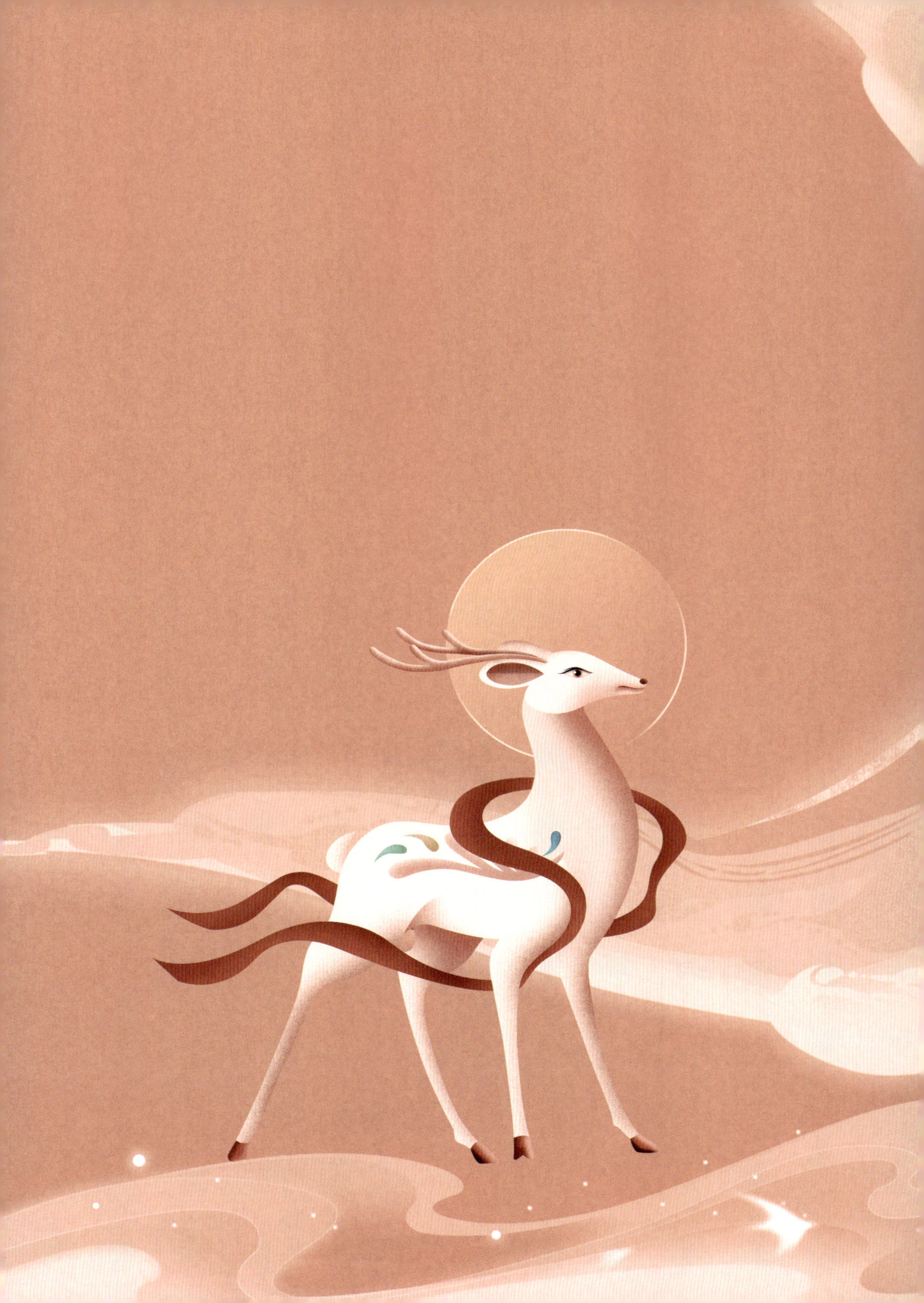

未来敦煌

敦煌的明天会是什么样?

昨天,敦煌是丝绸之路的重要枢纽,不仅为僧人提供禅修圣地,也慰藉过无数商旅过客,成为包括画师在内的芸芸众生的精神寄托。

今天,敦煌因为更多人关注而成为国内火热的旅游目的地;丝绸之路因为"一带一路"再次进入世界舞台中央。

那么明天,敦煌将在人类社会中以什么样的形态存在呢?

- 它的存在方式已经发生变化,不再是现实的石窟,而是以数字的方式出现。
- 它将和全新技术手段——AI、VR(已经实现)、增强现实(AR)等代表了未来的科技——相结合。
- 它的地点势必会发生变化,不只是现实的敦煌石窟,而是精神世界——理想国的存在。
- 它可以出现在手机屏幕上,出现在展览中,出现在种种沉浸空间中。

让敦煌艺术在数字世界中再现、重生,演绎出全新的内容,让敦煌艺术被更多人接受、喜欢,只有更多人参与敦煌艺术的创作,敦煌艺术才真正拥有了"不死之身"。

*版权说明:本章节所用创意和图片,版权归创作者所有,请勿商用;若需引用,请联系创作方。

对敦煌艺术进行重新诠释的"不可思议的敦煌"项目

暮 元 **岁**
日
小寒 初候，雁北乡

"重新发现敦煌，重新发现自己"
——敦煌画院语录

不可思议的敦煌

敦煌的存在并非理所当然，而是因为敦煌拥有了种种"不可思议"。

第一，不可思议的因缘。当年的壁画偶然留在了敦煌，又恰巧使用了矿石颜料，由于干燥的地貌环境竟然得以保存上千年；又由于种种历史机缘，能被今天的我们了解、看见和喜欢。

第二，不可思议的丰富。在西北边陲大漠的小小绿洲中，竟然埋藏着数千年的历史，上千个洞窟和数万平方米的壁画；近代在藏经洞中发掘出数万卷文书，内容更是庞杂丰富，宛如千古时空密室。

第三，不可思议的接续。敦煌艺术的创作，竟然贯穿了千年。从北凉到宋元，每个时代的画师都会使用当代的语言重新诠释——在漫长的演变过程中，许多形象都发生了天翻地覆的变化，而敦煌艺术在这种变化中找到了永存的秘密。

如果说"敦煌1.0"的事业是保护和传承，标志是敦煌研究院推动的"数字敦煌"；"敦煌2.0"的事业是转译和传播，标志是上海美术电影制片厂对"鹿王本生"故事的成功转译；那么"敦煌3.0"的事业，则是面向敦煌这一人类共有的精神文明财富，搭建出以"共创、共有、共享"为原则的文化创意生态。

正是理解到"伴随着时代不断进步和迭代"是敦煌艺术生命力的真正体现，"不可思议的敦煌"这一内容平台希望用全新的语言形式再次诠释敦煌，和当代年轻人进行沟通。期待更多的艺术家、媒体、共创伙伴和我们一起，使古老的敦煌文明衍生出属于这个时代的精彩。

"不可思议"是什么时候进入中文表达的？

当我们翻开历史书，会发现"不可思议"这个词很早就伴随着佛教文化融入中国的语言文化，是一个极大的数量单位。元代《算学启蒙》中曾记载"恒河沙、阿僧祇、那由他、不可思议、无量数"。其中，"不可思议"（10^{64}）比我们熟悉的"恒河沙"（10^{52}）还要大出好几个数量级。

三兔飞天藻井的全新演绎

暮 丙 岁
小寒　初候，雁北乡

"道生一，一生二，二生三，三生万物。"
——《道德经》春秋　老子

"三兔共耳"的当代演绎

　　在敦煌琳琅满目的藻井图案中，"三兔共耳"图案自古以来就吸引着人们的目光，丝绸之路沿线上的欧亚各国更是将其视为图腾般的存在。

　　如今，设计者以"三兔共耳"这一经典图案为灵感源泉，沿用敦煌藻井独有的壁画艺术形式，重新提炼传统图案元素，进行了全新的视觉表达，创造了"飞天兔""乐活兔""欢乐兔"等系列主题，旨在传达恒久繁荣、不断进取的盛世图景。

　　如左图的"飞天兔"——敦煌飞天的美妙身姿环绕着中央的莲花，她们或手捧鲜花，或双臂展开，将花朵及祝福洒向人间，遍及大地；四角的莲花与卷草纹样，预示着吉祥如意、绵延不绝的美好寓意。

如何评价"三兔共耳"的生命力？

　　"三兔共耳"图案被誉为一种穿越国界与时代的语言。三只兔子彼此连接的耳朵形成了一个完美的等边三角形，这种巧妙的共用设计，营造出视觉上的平衡与灵动之美。三兔共处于一个圆中，还蕴含了共生共荣、源源不断的吉祥寓意，深受全球各地人民的喜爱，拥有着跨越时光的永恒魅力。

神秘的"三兔共耳"图腾 P071

昨日神话和今日科技在太空相遇

暮岁 戊日

小寒 初候，雁北乡

"玉浆倘惠故人饮，骑二茅龙上天飞。"
——《西岳云台歌送丹丘子》 唐 李白

敦煌众神来到太空

古人对璀璨星空的绮丽遐想，如今正被我们这个时代逐一实现——我国的航天计划就被称为"飞天"。神舟飞船翱翔苍穹已满二十五载，见证了我国航天事业从追随者到引领者的辉煌蜕变。

面对这令人瞩目的成就，即便是敦煌壁画中的众神，也忍不住要踏出洞窟，在浩瀚宇宙中畅游欢腾。因此，设计师特别创作了这个"古老的神灵来到今天"系列，旨在将古老的敦煌艺术与现代航天科技相互碰撞、交融。

- 龙王——渴望探索天宫奥秘，也需要航天服等尖端科技助力。
- 九色鹿——在星际宇宙间闪烁着耀眼的光芒。
- 供养人——乘坐飞船，穿梭于宇宙的各个角落礼佛。

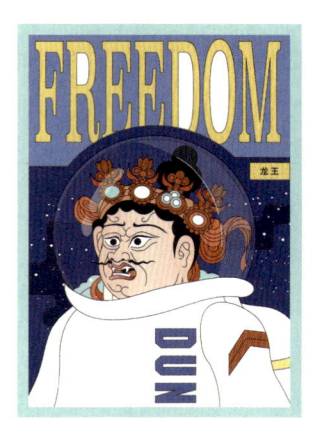

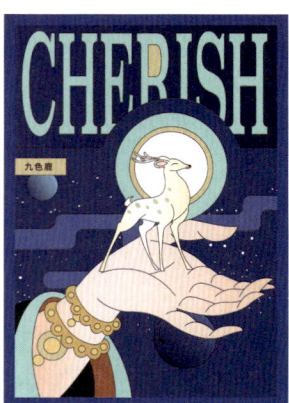

什么在变，什么又恒久不变？

时代在变迁，但有些事物始终如一。随着科技进步，我们所使用的工具和载体不断更新；然而，人类内心对未知世界的渴望和对精神世界的抚慰需求，却是科技发展无法改变的永恒追求。

双鸾牡丹纹样

暮 庚 岁
日

小寒　初候，雁北乡

"有图必有意，有意必吉祥"
——《吉祥谱》李宏震　徐洁佳

古老的敦煌纹样也可以这么"潮"

纹样在我国传承千载，一直是人们寄托祥瑞的载体。敦煌壁画中琳琅满目的纹样，汇聚了敦煌文化千年来的美好愿景。诸如象征"纯净与佛性"的莲花纹，象征"坚韧与灵性"的忍冬纹，象征"多福与圆满"的石榴葡萄纹，以及预示"好事将至"的飞鸟衔花纹。

此外，通过壁画中供养人服饰上的纹样，我们更能感受到古人对纹样的痴迷与热爱。艺术家们从壁画中提炼出古老的纹样，创新推出"敦煌·繁花"系列，让敦煌的古老纹样在现代社会中焕发出新的辉煌。

敦煌纹样的魅力何在？

敦煌纹样之美，体现在融合了美观性、装饰性与意义感。其图形独具美感，构图优雅；图案展现出独特的装饰效果和鲜明的风格；每种纹样几乎都蕴含着独特的寓意，为人们带来美好的愿景和积极的心理暗示。

福——生肖形象 　　　　　　禄——九色鹿

寿——千秋长命鸟 　　　　　禧——散喜飞天

财——善财童子

敦煌生肖五福

暮岁 壬日

小寒 初候，雁北乡

"三阳始布，四序初开"
——敦煌遗书

敦煌五福

　　敦煌藏经洞出土的敦煌遗书中，保存着人类史上可能最早的春联——"三阳始布，四序初开"，这出自唐代才子刘丘子之手，以四字箴言形式传递着新春的美好祝愿。

　　春节，作为中华民族的首要传统节日，承载着人们辞旧迎新、祈福纳祥的深厚情感。创意者将敦煌艺术的精粹与中华传统文化的精髓相结合，为中国人的新春佳节增添了这份源自敦煌的祥瑞之气——"敦煌五福"：汲取传统五福"福、禄、寿、禧、财"的寓意，融合生肖形象、九色鹿、长命鸟、飞天、善财童子等元素，造就了这个充满吉祥寓意的古老图案的新组合。

这副古老的春联有何寓意？

　　上联："三阳始布"，按照古人理解，"冬至一阳生，立春为三阳生"。立春，作为二十四节气的开端，被古人视为春节。下联："四序初开"，四序代表着春、夏、秋、冬四季的轮回。"三阳始布，四序初开"寓意着自立春之日起，阳光洒满大地，万物复苏，四季循环的序幕由此拉开。

DUNDUN   01
虎敦敦

介绍

一身雪白的毛发,神态大气且充满张力、步履生风,彰显出其沉稳敦厚、冷静睿智的性格特征(天王盖地虎 敦哥气场两米五),同时象征着敦煌历史穿越千年的文化底蕴和气魄,敦煌亮相自带气场。

NORMAL
tiger

假装单纯

BOSS
tiger

帅就VANS(完事)

RAP
tiger

看我性感的
小虎牙

HUANGHUANG   02
虎欢欢

介绍

通体暖色调的黄毛,软软的小肉垫踩着棉花般的小云朵更显萌态,一脸憨态可掬、无忧无虑
[to do list (待办事项) 再多再忙,别人慌张我不慌,我是佛系虎欢欢],也代表着敦煌文化与当代年轻人的连结融合,敦煌也可以很可爱。

NORMAL
tiger

乖巧

FREE
tiger

在忙.jpg

FAMILY
tiger

说不定
睡一觉会有灵感

对敦煌艺术中老虎形象的创意概念设计

暮岁 甲日

小寒 二候，鹊始巢

"两只老虎，两只老虎，跑得快，跑得快。"
——儿歌

敦煌福虎

敦煌壁画中，老虎的形象屡见不鲜，从舍身饲虎的饿虎到蕴含深厚文化底蕴的青龙白虎。然而，如何创造一个富含全新当代精神的老虎生肖形象呢？

设计师留意到中国传统生肖纪年虎年对应的2022年，是百年之中"2"的含量最高的一年，想到了那首脍炙人口的儿歌《两只老虎》，于是创意灵感便源源不断地涌现出来。

设计师在视觉上秉承了传统设计理念中的轴对称风格，在造型上融入了敦煌艺术的精髓——飞天飘带。两只老虎的形象活泼可爱，其动作与表情散发出浓厚的国潮气息。

《两只老虎》这一创意和敦煌艺术有什么关系？

这首儿歌起源于法国儿歌《雅克兄弟》，后经过北伐军的改编，历史流变，变成了今天家喻户晓的《两只老虎》。可以说，我们的主流文化正是在这样的传承与不经意的碰撞中不断演变与发展的，这可能才是中国文化或者敦煌艺术的本质。

敦煌壁画中不同姿态的龙

暮岁乙日

小寒 二候，鹊始巢

"天昏地黑蛟龙移，雷惊电激雄雌随。"
——《龙移》唐 韩愈

敦煌众龙

龙，在中华传统文化中占据着举足轻重的地位。它是华夏民族的精神图腾，中华儿女自豪地宣称自己是龙的传人；它也是十二生肖之一，寄寓着吉祥与幸运。

在历史悠久的敦煌壁画中，龙的形象更是俯拾皆是，设计师们从这些壁画中精心提炼出各种姿态的龙：守护宝藏的龙、作为仙人坐骑的龙、吐出宝珠的龙……

你会发现，敦煌壁画中的龙各具特色，有的象征财富与守护，有的则代表圆满与自由，它们形态各异，不一而足。

事实上，敦煌的龙族与我们人类一样，都追求美好、健康、幸运、财富和自由。

龙的形象，果真是从一开始就如此威严且遥不可及吗？

在人们的传统观念中，龙总是以一种崇高无比、威严凶猛的形象示人。然而，我们细致观察敦煌壁画后不难发现，尽管龙拥有布雨的神力，但它并非超然于万物之上的存在。龙族今日的尊贵地位，实际上是经历了汉唐时期的演变，尤其是在明清皇权的推崇之下，才逐步确立的。

1 守护财宝的龙卫兵 P027

拥有无穷能量的飞天女孩

暮岁 丁日格
小寒 二候，鹊始巢

"昔有佳人公孙氏，一舞剑器动四方。"
——《观公孙大娘弟子舞剑器行》 唐 杜甫

爱运动的飞天女孩

在我们心中，敦煌飞天素来是擅长乐器与舞蹈的飘逸优雅的仙女形象。然而，在当今价值观日趋多元的背景下，不妨设想一下——飞天或许能展现出别具一格的怪力少女风貌。

就像这位设计师笔下所描绘的热爱运动的"飞天女孩"——梳着丸子头，眼睛明亮有神，身材结实而优美。她那独特的粉色皮肤，是阳光照耀下的印记。得益于源自古老敦煌的神秘力量，她运动天赋出众，无论是网球、体操还是滑冰，各项运动均能驾驭自如。加之飞天特有的飘带能量映衬，这位美少女在运动场上释放出惊人的活力。

我们为何要塑造这样一位与众不同的飞天少女？

不同的时代背景下，飞天形象往往反映了当时的审美特征。例如，唐代的飞天显得柔美，而元代的飞天则显得健硕。在这个倡导"各美其美"的时代，出现这位热衷体育、展现独特魅力的飞天女孩，似乎也并不足为奇。

1 历代飞天 P072-P097

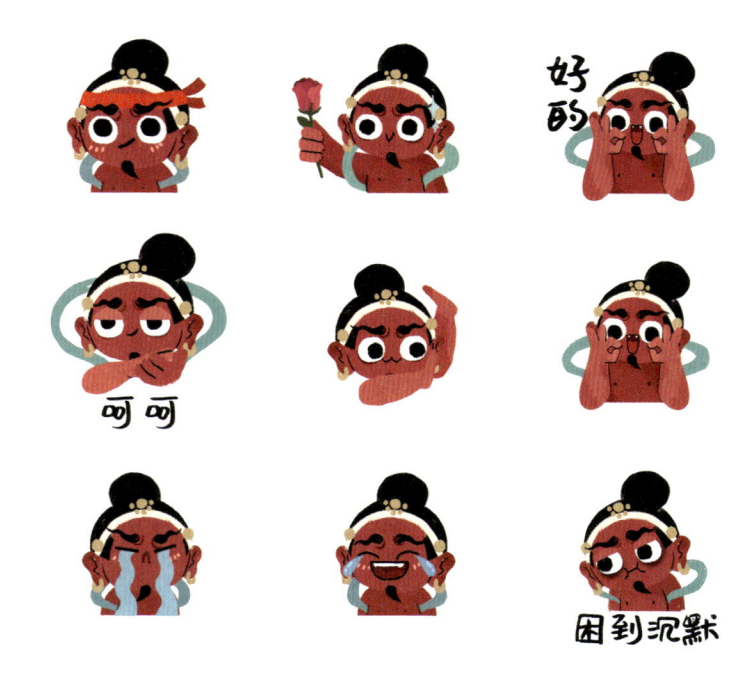

设计师对金刚力士形象的全新演绎

暮岁 己日
小寒 二候．鹊始巢

"金刚者，即侍从力士，手持金刚杵，因以为名。"
——《四分律含注戒本疏行宗记》宋 元照

金刚大叔

　　金刚，取"金之最刚"之意。在敦煌壁画中，金刚力士往往头顶火焰光环，怒目圆睁，张口咆哮，凸显其块状肌肉，彰显出雄壮与神力。

　　然而，与金刚力士的威猛形象形成强烈对比的是，在身材魁梧的天王甚至菩萨面前，他们往往显得身材矮小（有时甚至会被踩于脚下），这无疑带有几分"小强"的韵味。正是洞察到这一矛盾，设计师为金刚力士打造了一个既有趣又现代的形象——"金刚大叔"。

为什么这位"金刚大叔"会让人忍俊不禁？

　　硕大的脑袋、怒目圆睁、身材短小、皮肤火红，并配以敦煌特色的飘带。设计师运用反向设计手法，通过金刚大叔的表情包，巧妙地展现了他既刚毅又呆萌的特质，其性格中既有"动辄发威"的豪迈，也有"实在无奈就下跪"的温顺。

1 健身达人金刚力士 P195

敦煌乐舞新世界

暮岁 辛日

小寒 二候，鹊始巢

"美人舞如莲花旋，世人有眼应未见。"
——《田使君美人舞如莲花北鋋歌》唐 岑参

再现敦煌乐舞

敦煌壁画是静态的吗？实际上，这些古老的壁画同样捕捉了欢乐和谐的乐舞场面。古代画师们用画笔将那些瞬间的华美定格在千年壁面之上，赋予了静态画面以动态的生命力。

在莫高窟内，几乎每一窟都绘有乐舞场景，这些乐舞是为了向佛陀致敬而作。今天我们可以看到：壁画中的舞者动作曼妙——腰鼓舞、胡旋舞、胡腾舞、巾舞、反弹琵琶等，各展风姿；乐师手中的乐器种类繁多——阮咸、手鼓、古琴、方响、琵琶、古筝、箜篌等，各具特色；画面中的"不鼓自鸣"更是巧夺天工。

这些别具一格、形态各异的敦煌乐舞画面，既映射了壁画世界的繁华景象，也体现了古人对未来幸福生活的向往。今天年轻的设计者把这些美妙的元素再次提炼出来，复原了这场古代乐舞会。

敦煌壁画中的乐舞场景具有什么样的特点？

在现实世界中，中原乐舞一直是官方礼仪表达的象征；而西域风格的乐舞则释放出浓郁的情感，场面极为热烈。两者在敦煌得以完美交融，它们不仅融合了理想与现实的元素，而且既遵守了庄严的礼制，又不失自由奔放的活力。

1 天国乐队担当 P081

西 北
四天王
古今 护世
南 东

对敦煌艺术中天王形象的创新演绎

暮岁官日

小寒 三候，雉始鸲

"四天王执宝幢，八菩萨敲金磬。"
——《西游记》杂剧 元 杨景贤

古今天王

四大天王的传说历久弥新，在寺庙的天王殿内，人们常常供奉四大天王的圣像，以祈求"风调雨顺"。相传他们坚守在神圣的须弥山之上，每位天王各自镇守一峰，护持一洲（东胜神洲、南赡部洲、西牛贺洲、北俱芦洲）。

若四大天王今日犹在，他们应是何种容颜？让我们展开想象的翅膀，为灿烂的敦煌文化注入新的活力。

在左页图中，我们可以看到创意人员对天王新造型的无限想象。他们将天王巧妙地转变成机甲战士的形象，这种设计既保留了古代装束的神秘与威严，又融入了现代机甲的科技感与力量感。这些机甲天王的半身穿着古代的战甲，其上装饰着精美的纹饰和图腾，彰显着他们高贵的身份和不凡的武艺。而他们的另外半身则被包裹在高科技的机甲之中，这些机甲由先进的合金材料制成，闪烁着金属的光泽，充满了未来感。

传统形象创作中的变与不变？

继承传统并非简单摹古。追溯历代画师的技艺，总能为我们当下带来无限的灵感与新视角。在这个创意中，即使岁月流转，天王的装束或许有所更迭，但守护人间的初心始终如一。这些机甲天王穿越时空，穿越时间长河，从古代的战场直接来到了现代的世界，肩负着守护人类世界的重任。

1 大名鼎鼎四大天王 **P181**

星座文化与飞天艺术的融合

暮岁癸日

小寒 三候，雉始鸲

"轻盈舞殿三千女，缥缈飞天十二台。"
——《对雪·其二》北宋 毛滂

飞天十二星座

在敦煌莫高窟061窟甬道南壁之上，《炽盛光佛图》清晰呈现了今日人们津津乐道的"十二星座"，如狮子座、水瓶座、射手座、双鱼座、巨蟹座等。

谈及星座，其渊源可追溯至古巴比伦时期。当时人们根据天体的运行轨迹创制了星座历，用以预测国家命运和民众生活。随后，古希腊天文学家在这一基础上进一步完善了星座体系，以想象中的线条连接起星座中的主要亮星，将其描绘成动物或人物的形象，并结合神话故事为之命名，星座的名称便这样诞生。令人称奇的是，古希腊人坚信十二星座与人体的"小宇宙"之间存在神秘的联系，他们试图通过研究行星与黄道的相对位置，来推测现实世界的种种变迁，由此诞生了星座学。时至今日，星座这一"神秘之学"逐渐演变为深受年轻人喜爱的社交文化。许多年轻人视星座为一种趣味横生的娱乐方式，甚至将其作为交友的一项参考依据。

今天，艺术家将广受欢迎的星座文化与古老神秘的飞天艺术巧妙融合在一起，创造出了飞天十二星座。这一系列形象不仅体现了每个星座的独特性格和特点，还融入了飞天艺术中那种超凡脱俗、自由飞翔的意境。

星座学是否属于科学？

星座看似带有神秘色彩，但在人类社会中的实际应用却极为广泛。星座常常成为人们交流互动的桥梁和谈资，作为一种集体意识的体现，星座学在一定程度上促进了人际的情感联系，并助力个体自我认知的深化。因此，星座学更像是一门融入人类社会的学科，而非纯粹的天文学。

黄道十二宫和十二星座 **P123**

敦煌萌趣世界

暮岁 政日

小寒　三候，雉始鸲

"呦呦鹿鸣，食野之苹。"
——《诗经·小雅·鹿鸣》

敦煌萌兽来袭

世间万物皆可"萌"，敦煌世界也不例外。

设计者巧妙地将九色鹿转化为"萌兽"形象，相信定能触动人们的心弦。这些曾经只存在于壁画和传说中的生灵，如今被赋予了新的生命，以一种更加亲切和可爱的姿态出现在人们眼前，无疑会拉近与现代人（尤其是年轻人）之间的距离。

想象一下，这些神兽变成了可以拥抱、可以互动的朋友，或许会出现在手机应用程序、动漫、游戏和各种潮流商品中，成为年轻人追捧的时尚元素。不仅如此，萌化的敦煌神兽还将激发年轻人对传统文化的兴趣。

不可思议的敦煌除了"萌趣化"，还有哪些可能？

敦煌的神奇之处，在于具备包罗万象的内涵，随着时代审美观念的变迁而不断演化。从这个角度看，敦煌不仅可以变得萌趣，还能尝试极简主义、波普艺术、孟菲斯设计、像素艺术、包豪斯风格，乃至赛博朋克等多种风格。对不同风格的融合，也彰显了敦煌艺术的宽广包容与深厚底蕴。

观万物，照己心

暮岁尧日

小寒　三候，雉始鸲

"反者道之动，弱者道之用。"
——《道德经》春秋　老子

新十六观

当我们把时间交给了手机和短视频，就会发现无数的信息正在离散我们自己的内心，也让我们深陷焦虑的心灵困境。

如何用古代敦煌的内观方法，来治愈今天人们的内心？从古代关于韦提希夫人"十六观"的壁画中，我们可以得到这样的启发：每天坚持花些时间细心观看某种外界事物，就会有奇妙的心境发生。

十六观的对象不只局限在原壁画中，可以有更多，如观日、观月、观花、观茶、观香、观猫、观鱼、观水、观云、观筝、观棋、观车流、观人海、观雨落窗前、观风吹林等。这种行为看似发呆，却是对"凝神"的修炼。

当你不去在意世间那些看似极为剧烈的变动，只关注身边事物细微的变化的时候，你就可以渐渐洞悉自己内心微妙的念头。当我们不那么匆忙的时候，生活不那么有目的性的时候，我们就能真正品尝到茶的味道，闻见花的香味。可能这就是新十六观的真正内涵——"观万物，照己心"。

十六观背后的原理是什么？

人们常说，身心互为表里，心境和世界也是相互对应的关系。去关注生活中的一些美好细节，心境也会变得美好起来。这既是一种忘我，也是一种疗愈。这种看似细微的"凝神"行为会让"离散"心境一点点发生改变。

2　《观无量寿经变》（下）——十六观 P109

敦煌者 传统中国色

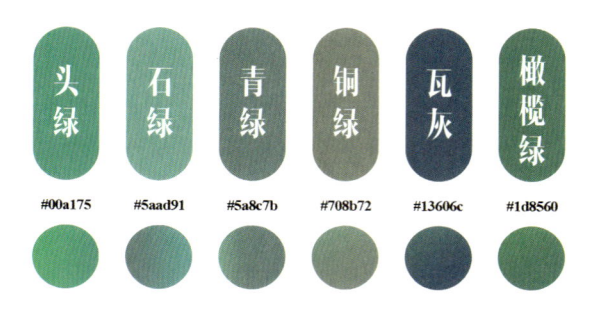

头绿	石绿	青绿	铜绿	瓦灰	橄榄绿
#00a175	#5aad91	#5a8c7b	#708b72	#13606c	#1d8560

榆林窟002窟 西夏 　　莫高窟220窟 初唐 　　莫高窟320窟 盛唐 　　莫高窟112窟 中唐

敦煌岩色中的勃勃生机

暮 帝日 **岁**

小寒　三候，雉始鸲

"看莫高窟，不是看死了一千年的标本，而是看活了一千年的生命。"

——《文化苦旅》余秋雨

有生命力的敦煌岩色

我们知道，敦煌壁画的色彩大多源自矿物颜料，历千年而不褪，人们称其为敦煌"岩"色。从色调的视角来看，美术创作者常将敦煌色彩粗略划分为"红、黄、蓝、绿、黑、白"六大系列。

然而，除了从矿石和色彩的客观角度审视敦煌岩色，也许还可以融入人对世界的理解，去领悟敦煌壁画中的勃勃生机。

比如，以"四季更迭"的全新视角来审视，敦煌岩色便拥有了穿越时空的生命力。放下黑白两色，在敦煌的色彩体系中，我们能够感受到，敦煌春之绿，代表着盎然春意与生机勃发；敦煌夏之红，预示着繁荣景象与热情如火；敦煌秋之黄，象征着丰收的富足与丰饶；而敦煌冬之蓝，则彰显了西北的严寒与清醒。

将敦煌色彩分为四季，有何缘起？

"天人合一"是中国艺术追求的极致境界：黑和白是日月轮转，绿红黄蓝对应春夏秋冬的自然轮回；古时画师的画笔，除了用来描绘内心，同样需要面对客观世界，面对四季更替，有意无意间就会将这份对季节的感受融入画笔之中。

2 中国古代的莫高窟色 P249

信念

KEEP × FAITH

×

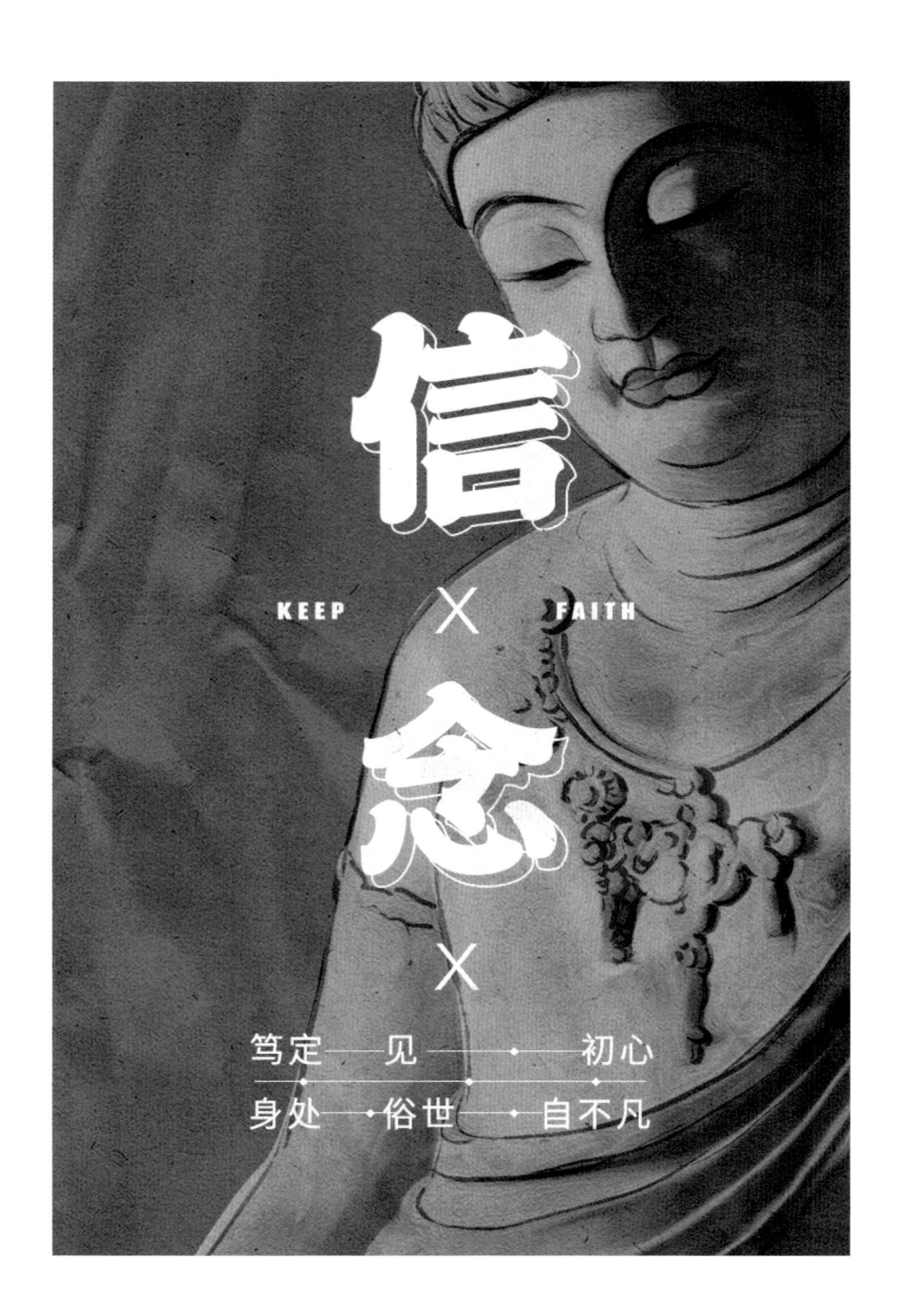

笃定——见————初心
身处——俗世——自不凡

中国潮之敦煌潮主题概念

暮岁 哲日
大寒　初候，鸡始乳

"千年以来，敦煌就傲立在潮流的巅峰，今天我们只是唤醒它而已。"

——敦煌艺术爱好者　宜宣

中国潮，离不开敦煌潮

《人民日报》文创所主办的"中国潮创意概念节"诚邀全国各大美术学院师生，以及社会各品牌与机构共襄盛举，共同描绘创新篇章。

在这样一场文化盛宴中，敦煌作为经典文化 IP 的地位自然不可或缺。敦煌画院作为官方合作伙伴，为"中国潮"这一创意理念贡献了敦煌视角的四大时代主张：

- "国潮"——释放文化自信的力量，引领国民向往的潮流。
- "她享"——顺应自由独立的本质，倡导女性自主的权益。
- "信念"——坚守初心，即便身处纷扰尘世，亦不失非凡品格。
- "祈福"——信仰万物有灵，内心有所寄托。

中国潮与敦煌之间有何联系？

许多人可能只看到敦煌的古朴，却忽略了它曾经的时尚。回溯历史，无论是音乐、舞蹈，还是服饰纹样，敦煌所代表的文化曾引领西域、中原乃至宫廷的潮流，其影响至今仍深入人心。

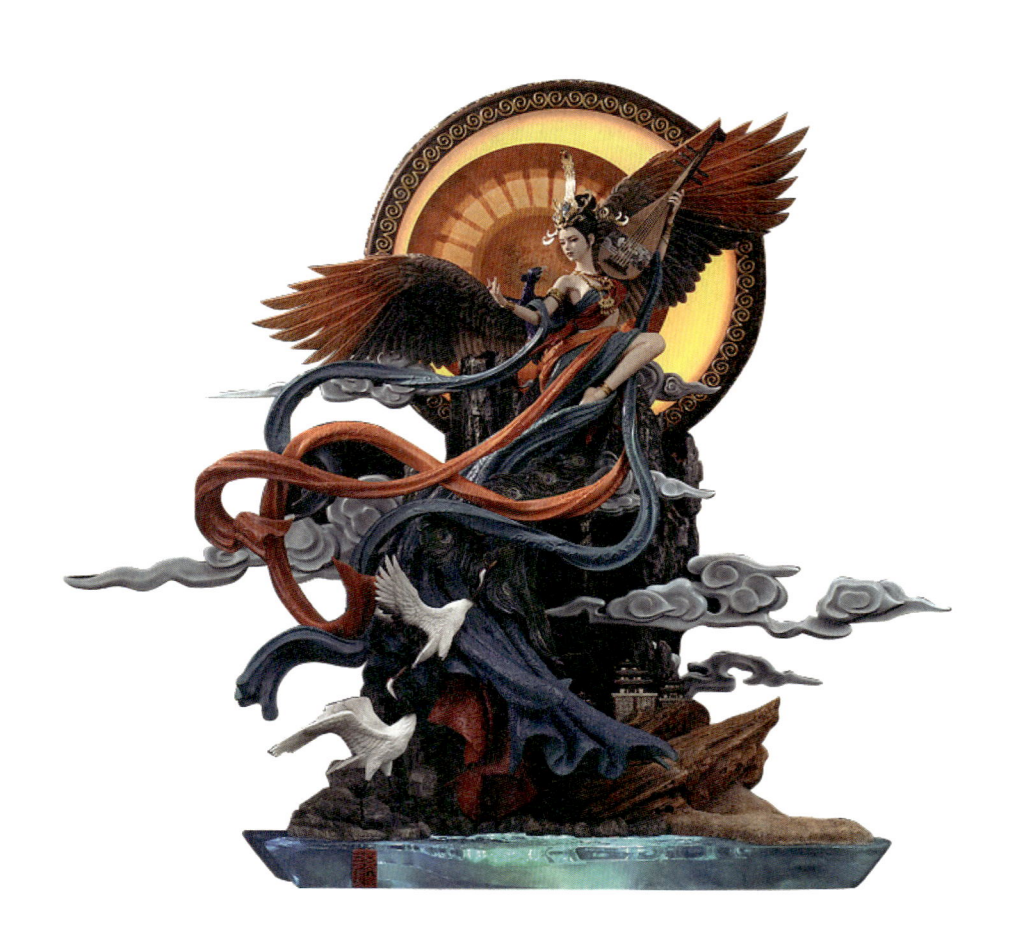

《飞天佑福》手办雕像

暮 明日 **岁**

大寒　初候，鸡始乳

"霓裳曳广带，飘拂升天行。"
——《古风·西上莲花山》唐　李白

让飞天飞到你的身边

敦煌飞天，自古以来深受国人宠爱，堪称敦煌文化瑰宝。然而，如今我们所能见到的飞天形象，大多仅存于壁画中，偶尔现身于商品包装之上。

如何让这一经典形象焕发新生，融入现代生活？在此背景下，潮玩行业为我们提供了新思路：众多年轻人已不再满足于简单的古风元素拼贴和古代文物复制，他们渴望更多富含文化内涵与古韵的产品。

因此，敦煌画院与合作伙伴携手启动了 3D 飞天手办项目——这款手办既要承载敦煌的传统文化底蕴，又要迎合现代年轻人的审美趣味。经过一年时间的精心设计与开发，最终作品以敦煌壁画中的飞天为蓝本，结合现代审美进行了创新演绎，夸张地展现了飘带的飘逸与仙境的幽美。此外，仙鹤展翅共舞，亭台楼阁与日中的三足乌，共同构筑出中国独有的宇宙空间意境。《飞天佑福》手办跳脱了传统手办中日漫、美漫人物的固定模式，将中国飞天的仙气与灵动，以及中国审美的端庄与大气，完美融合。

千年敦煌文化，通过这尊飞天手办再次站在经典和潮流的交点上。

这款飞天手办市场反应如何？

这款《飞天佑福》手办雕像在国内规模最大的手办模型展会——Wonder Festival 上海首次亮相时，备受资深玩家的好评，国内限量 288 体，一周售罄。

"敦煌星际兔"入选作品
插画师：王美晨

暮正岁
日
大寒 初候，鸡始乳

"天上乌飞兔走，人间古往今来。"
——《西江月·其一》明 杨慎

星际兔传说——"三兔共耳"前传

在敦煌的浩瀚世界之中，蕴藏着无尽的时空之谜。以"'三兔共耳'图案为何诞生"这一谜题为线索，敦煌画院邀请才华横溢的年轻插画师深入探索敦煌这座宏大的时空迷宫。根据《敦煌星际兔的奇幻之旅》故事梗概，将自己心中的敦煌呈现出来。

《敦煌星际兔的奇幻之旅》故事梗概：

在地球纪年（隋开皇四年），三只来自遥远星球的兔子不慎降落地球的沙漠中（敦煌）。在降落过程中，它们各缺失一耳，无法驱动飞行器，只得暂时驻足地球，寻找修复耳朵的素材。

它们在无垠沙漠中迷失了方向，盲目前行，偶然发现一座断崖矗立于大漠之中。走近一看，石壁上工匠们正在叮叮当当开凿，画师们在上面的石窟中挥动画笔，忙碌非凡——这正是敦煌莫高窟。

三只兔子结识了仁慈的敦煌画师，画师们用神奇的画笔和矿物质颜料为它们修补了耳朵。同时，在画师们的协助下，它们齐心协力，完成了三兔共耳，成功驱动飞行器，终于踏上了归途。

古代敦煌的画师们将"三兔共耳"的故事绘制于壁画之上，象征着它们曾经来自遥远的太空。（莫高窟302窟"三兔共耳"栏墙纹——隋开皇四年开凿的302窟首次出现了"三兔共耳"。）

正是基于这个充满想象力的创意点，插画师们展开思维的翅膀，以新颖的创意为古老的图腾创作了数百幅全新的精彩作品。

敦煌星际兔的脑洞是如何打开的？

以"三兔共耳"图案为起点，以星际太空为故事背景，旨在让敦煌文化冲破时空的束缚，使每个人心中的敦煌得以显现——让敦煌文化在这趟星际的旅途中，熠熠生辉，从而吸引更多年轻的力量加入共创敦煌的行列。

神秘的"三兔共耳"图腾 P071

敦煌AR神兽——翼马

敦煌AR神兽——青鸟

敦煌 AR 神兽
供稿人：深灵幻像艺术顾问吕楠

暮岁学日

大寒 初候，鸡始乳

"创意就是旧元素的新组合。"
——美国广告创意大师 詹姆斯·韦伯·扬

"青鸟"与"翼马"的数字重生

在"文明的印记——敦煌艺术大展"上，有两只"敦煌 AR 神兽"吸引了无数人尤其是小朋友的眼光。这个项目的主创者正是敦煌画院的共创伙伴，下面了解一下创造这两只敦煌神兽的全新数字形象的过程。

敦煌 AR 神兽之青鸟——"美好信息的使者"

- 头冠是进行重新设计的第一个重点。将原本敦煌青鸟头顶的羽毛设计为莲花的形态，在东方文化中莲花象征着高洁和神圣，也传达着积极、美好的信息。莲花的外在形态和内在寓意，与青鸟的新身份十分契合。

- 在青鸟的胡须、羽毛、尾巴的设计中，加入了中国祥云的传统纹样元素，形成青鸟羽毛走向的结构和动势。

- 在交互展示中，主创者为青鸟赋予了一个行为上的新形式。当"美好信息的使者"来到人们面前时，莲花头冠会自动打开，里面蕴藏的信息会随着莲花的盛开呈现在人们面前。

敦煌 AR 神兽之翼马——"理想的追寻者"

- 如一匹在空中奔驰的骏马，象征着人类在追求高远志向时的锲而不舍。

- 火是人类生命之要素，象征着生命的起源和延续，也代表着光明、热情与生命力。

- 将翼马的耳朵、尾巴、马蹄以及身上的装饰纹样与"火"元素结合，旨在传达人在火中涅槃重生，在追逐梦想的过程中一次次升华。

动起来的敦煌壁画艺术为什么更吸睛？

受制于技术水平，古代画师们以静止定格的方式留下了许多精彩的画面，这就客观上要求观赏者高度集中注意力。而今天，伴随着时代的进步，尤其是人工智能、视频技术的运用，为我们重制这些经典图景提供了前所未有的技术条件，这也更符合当今人们对于事物的接触习惯。

"敦煌超宇宙"数字艺术展

暮岁 平日

大寒 初候，鸡始乳

"如将不尽，与古为新"
——《诗品二十四则·纤秾》 唐 司空图

"敦煌超宇宙"数字艺术展

站在历史长河的两端，代表过去的传统文化和代表未来的创新科技若能相望，传统文化定会羡慕创新科技充满生机，能和时代同频共振；而创新科技则会羡慕传统文化能长久留存、穿越时空。

此次名为"敦煌超宇宙"的数字艺术展便是这种灵感碰撞的结晶，该展让古老的传统文化以全新的方式绽放于现代繁华之都——北京，为观众带来一场可触可感的沉浸式"敦煌超宇宙"之旅。

"宇"代表空间，"宙"代表时间；敦煌超宇宙，指的是敦煌背后时间和空间的无限性。这次超越时空的数字艺术展，并不是复刻一个遥远的古代敦煌，而是以年轻化的视角重新解读敦煌，将人工智能、超高清显示、交互传感、VR、裸眼3D等多种最新科技与传统艺术相结合，使敦煌石窟艺术化身为一个个可触摸、可感知的洞窟。

"敦煌超宇宙"数字艺术展由七大篇章、十三个展项构成，涵盖了敦煌从历史到未来的完整文化旅程。该展以敦煌的洞窟、壁画、色彩、故事为线索，以互动为核心形式，观者将经历精神居所的洗礼，感受时光交织的奥秘，领略画中万象的神奇，体验敦煌乐舞的恢宏，探索敦煌日常的点滴。通过自主探索、感知敦煌的原力所在，观者可以将敦煌艺术真正内化到自己的小宇宙中，从而最终触及未来艺术的无限可能。

如何理解传统和创新之间的关系？

以文化和艺术为代表的传统，是对历史的总结，能穿越时光，展现无与伦比的生命力。而以创新为本质的科技，则在不断突破人类的边界，引领着我们奔向未来。两者看似发展方向不同，但也可携手同行——古老为创新提供无穷的灵感，而创新则为古老创造鲜活的生命力。

数字供养人头像

暮岁 保日 大寒 二候，征鸟厉疾

"没有强大的供养人团队，就不会有今天我们所见的精彩绝伦的石窟艺术。"

——敦煌画院副院长　李硕

来，做一名数字供养人

　　历史上的敦煌艺术，其辉煌离不开供养人。一方面，于莫高窟险峻的崖壁上开凿洞窟、绘制佛像，动用大量珍稀的矿石颜料，其耗费之巨，非供养人之力不可为。另一方面，正是这些信仰者内心的需求，催生了敦煌壁画艺术的诞生。

　　唯有被渴求的艺术，方能绽放恒久的生命力。这些资助石窟建设的人，便是敦煌艺术的真正幕后缔造者。若以今日的语境来描述，他们便是投资人（或赞助者）。在敦煌壁画之中，我们亦能窥见这些默默付出的供养人身影。正是他们与画师的共同努力，铸就了流传千年的敦煌石窟艺术。

　　时至今日，科技的进步为我们展现了在数字世界传承敦煌艺术的全新可能性——在数字世界构建"数字石窟"。这一创举，同样离不开新时代的（数字）供养人。有人不惜重金，独力资助一窟，亦有人携手同行，众人拾柴火焰高，共同集资建造。如同古时众人合力供养一洞窟一般，今日更多的人得以通过集资等手段，实现对敦煌石窟项目的支持（供养），此行为如今有了新的称谓——"众筹"。

我，是否也能成为一位（数字）供养人？

　　对于大多数人来说，成为创作者（即便有 AI 的辅助）依旧是一项挑战，但成为供养人，则显得容易许多。随着时代的演进，供养的形式也在不断演变：从参与石窟设计、支持壁画创作，到购买敦煌文创产品、相关书籍甚至游戏皮肤，都是当代供养行为的体现。

供养人——被画进壁画中的真人 P049

2023年敦煌童画艺术展（天津）主题海报

暮日至岁

大寒 二候，征鸟厉疾

"用孩童的视角来看待敦煌，就能收获如孩童般的喜悦。"

——敦煌艺术爱好者 宣宣

敦煌童画的前世今生

面对敦煌琳琅满目的美学珍宝，成年人往往感到眼花缭乱，无所适从。然而，孩童们却能够摆脱成人世界的束缚，以一颗纯净的心去观赏、喜欢、探索敦煌艺术的魅力。

敦煌之所以能穿越时空流传至今，不仅因其画面的绝美，更在于那份触动心灵的原始魅力。童真，是敦煌壁画中不可或缺的灵魂所在。古人的智慧结晶与现代儿童的对话，常常激发出令人惊叹的创意火花。

真挚、善良、美好，构成了敦煌心性艺术的灵魂。与传统绘画追求严谨、细腻和成熟风格不同，敦煌艺术中会不时流露出纯真的笔触。那些敦煌古人的画作，常让人不禁哑然失笑。尽管千年时光已逝，但当时的画师们，仍希望通过一颗童心与这个世界对话。

正是感知于此，我们秉持这样的初心：用纯真之眼、觅童真之趣、回归求真之心，让更多人了解敦煌美育，让更多孩子和家庭参与敦煌艺术。我们深信，每个人内心深处都有一份对美好事物的渴望，而敦煌这个充满神秘色彩和深厚文化底蕴的地方，正是美的源泉。

何为敦煌童画？

"敦煌童画"，作为敦煌画院与中国传媒大学携手启动的"敦煌美育传承与创新"项目，它不只是一场简单的绘画竞赛，也不仅限于展览的范畴，而是一次旨在让新一代继承和发扬敦煌文化的实践探索，兼具公益性和社会性。该项目致力于将敦煌艺术引入青少年的美术教育之中，倡导社会各界、教育机构、美术机构以及家庭共同参与。

敦煌主题作品
创作者：黄太阳

暮岁神日

大寒 二候，征鸟厉疾

"人人都是太阳，点亮自己，温暖他人。"
——"一万个太阳"发起人 陆一飞

一万个太阳——孤独症儿童的杰作

在画展中，我们有幸认识了这样一群来自另一个星球的孩子——孤独症儿童。他们被人称为"来自星星的孩子"，而在陆一飞老师眼中，他们却是一万个太阳。

"能感受到强烈撞击灵魂深处的那份莫名感动。"李艺老师这样评价第一眼看到黄太阳作品的感受。

常人眼中显得残破暗淡的敦煌壁画，能在他们的笔下一点点发出光来；大胆的用色和直率的笔触，不亚于当年在洞窟中一心创造另一个佛国世界的古代画师们。

打开孤独症儿童的内心世界，你会发现这里孤独但绚烂；和敦煌文化一样，这里如同安静的宝藏，需要走近才能发掘、呵护。你在远方的时候，只能感觉其静谧；一旦你走近了，就会发现这个世界丰富而绚烂，让你为之震撼。

对于孤独症儿童，敦煌的魅力何在？

摹绘敦煌壁画，是孤独症儿童与敦煌特有的沟通方式。这种古老的心性艺术通过孤独症儿童丰富细腻的内心世界折射出微光，令我们惊讶不已。孤独症儿童通过绘画来表达自己对敦煌的理解，敦煌以壁画向世间展示美的力量。

《敦煌二十四节气》
"豆荚创意"集体作品

暮圣岁日

大寒 二候，征鸟厉疾

"用画笔与自然交流，用心感受万物，才有这次成功的创作：孩子们的作品里，是纯真的味道，水墨与重彩碰撞，思绪随飞天漫舞。"

——当代青年画家 靳新超

与万物共生长

鉴于敦煌艺术对儿童所展现的独特魅力，敦煌画院进一步拓展了面向青少年的艺术文化活动，陆续推出了以敦煌为主题的系列画展。

"与万物共生长"画展深入探讨人类与世界和谐共处的奥秘。画展围绕孩子们的生活体验，设计了多个创作方向，旨在培养孩子们对自然和生活的热爱。

• 探究古人对时令的尊重，反思我们当下与自然的关系。

• 从关爱动物出发，学会相互尊重与珍惜。

• 看古人生活，到自己好好生活。

画展中，一组名为"敦煌二十四节气"的集体创作赢得了评委们的一致好评，并荣获全场最高奖项。

> 冬至，在古时是重要的吉日，被称为"日短"，表示这天的白天最短。北方的习俗当然是吃饺子啦！

《敦煌二十四节气》这一作品的灵感源自哪里？

敦煌壁画中的古代生活和现代生活存在着千丝万缕的联系，而其中最有代表性的就是二十四节气，它是古人智慧的结晶，也是用心观察世界的硕果。"豆荚创意"的孩子们分头寻找每一个节气的灵感，利用敦煌壁画中的色彩和技法，共同创作出这一系列作品。这不仅展现了团队合作的力量，也彰显了每个孩子的独特创造力。

《敦煌飞天》(康希 12 岁　康玄 9 岁　倪睿诗 9 岁　杨昊博 12 岁)

暮与岁

大寒 二候，征鸟厉疾

"敦煌美育，让美代代相传。"
——中国传媒大学文化发展研究院副院长 卜希霆

敦煌童画，属于中国孩子的文艺复兴

在历年画展的积淀中，我们逐渐发现了新的挑战：孩子们的艺术创作热忱持续高涨，然而具备敦煌艺术经验的教师却寥寥无几。敦煌艺术的内涵繁复且零散，亟需精准而巧妙的转译与诠释。目前，敦煌美育的推广多集中在暑期的研学活动，尚存诸多不足。

我们由此深刻认识到，若要系统性推进敦煌美育的发展，仅靠征集美术作品是远远不够的；我们必须深入开展更为实质性的工作，从师资力量、课程建设、系统架构、社会舆论等多方面入手。这也正是"敦煌童画"项目发起的初衷所在。

我们坚信，只要在今天孩子们的心灵深处播下敦煌艺术之美的种子，那么在不久的将来，这些种子将会生根发芽，茁壮成长。正如文艺复兴使得欧洲的文化与艺术得到了空前的繁荣和发展，我们也有理由相信，通过对中国传统文化的传承与创新，明天的中国将会迎来属于自己的文艺复兴时代。

为什么要推动敦煌童画这个项目？

我们虽深知自身力量微薄，却怀揣着这样一个使命：为了敦煌艺术的未来，将敦煌美术融入中小学生的美术教育之中。我们希望通过我们的努力，让更多的孩子能够接触到敦煌，让敦煌的艺术之美不再遥远和陌生。实现这一愿景，非一日之功，需要多方携手，更需要持之以恒的不懈努力。

敦煌童画面临的挑战

为什么敦煌艺术很难具体落实在学校和美育机构的课堂上？正是带着种种疑问，敦煌画院和中国传媒大学文化产业管理学院共同开展调查和研究，希望找到问题后面的答案。传媒大学的师生们经过半年的调研，积累了丰富的一手资料，并给出了建议。

（以下内容摘选自《敦煌美育传承与创新发展白皮书》，访谈过程有所删减）

问题1：小朋友接触敦煌艺术的挑战是什么？

因为敦煌艺术与小朋友之间有很大的鸿沟，所以需要以有趣的方式讲述，这就需要丰富的转化形式，比如以小朋友感兴趣的游戏为切入口。小朋友能够记住的知识并不多，更喜欢去想象。简单地传输知识，效果并不好。建议在美育课程中知识占比40%，想象占比60%。

问题2：国内美术教育受西方影响大吗？

较大，一方面专业考学体系重视素描、色彩的专业学习；另一方面国画更多适合临摹，而西方艺术更鼓励想象，较符合小朋友的喜好。

问题3：您认为开发敦煌美育课程要注意什么？

从古老的元素和原始美着手，比如敦煌的历史、风俗、自然环境、生态，关注人与神力、魔力、兽力之间的关系，并进一步拓展到对自然生态的敬畏等方面，多方面挖掘美育课程内容，使敦煌美术形式融入地方特色。不过也要紧跟时代的潮流，开展符合学生特点的课程和活动。

问题4：您认为适合敦煌美育课程的形式有哪些？

敦煌美育课程的形式可以丰富多彩，比如绘画、手工、舞蹈、戏曲等，或者多种形式结合，使得孩子们可以从多方面感受敦煌艺术的文化魅力。

岁道暮日

大寒 三候，水泽腹坚

"现在的美术课中，半数是西方的文艺复兴，敦煌课在40节中最多占一节就不错了。"

——一位参与敦煌美育访谈的美术老师

问题5：您的机构在开发敦煌美育课程时遇到过哪些困难？

开发敦煌美育课程最重要的就是专业度。敦煌艺术是我国文化的重要组成部分，需要深入研究，确保给孩子传播专业和准确的知识。现在网络信息比较混杂，非专业人士很难辨别。

从专业性来讲，缺少敦煌艺术的相关整合资料。从社会层面来讲，敦煌艺术并不是一种泛艺术，能够接触和吸收的人是有限的。

关于敦煌历史的内容太多，而授课老师都不是敦煌的研究人员，不够专业，因此在开发课程的过程中需要查阅和学习大量资料，老师的知识输出与输入之间的比率预估为30%。此外，机构内部平时的工作也非常忙碌，老师的精力有限。

推动敦煌美育的突破口在哪里？

敦煌美育是一个系统工程，涉及教育部门、家庭、学校、美育机构等。

- 社会方面：人们对敦煌的认知和关注不够，认为其是垂直小类目。
- 机构方面：课程开发人员缺乏专业指导。
- 机制方面：面向孩子的敦煌内容需要转译，课程开发难度大；在盗版严重的情况下，单一机构往往缺乏开发动力。

《敦煌藻井》（马嘉妤　8岁）

暮岁 恩日

大寒 三候，水泽腹坚

"这颗苹果的种子只有八粒，很容易算清楚。如果把这八粒种子埋入地里，总共会生出多少苹果，没有人能算得清楚。"

——《以爱为灯》 林清玄

我们不是一个人在行动

秉承"众创"理念，敦煌画院精心挑选了全国十家知名美育机构联手打造，以十个主题为主线，编织出一个独一无二的敦煌童画新世界。

这不仅仅是一场竞技，更是一场集体创作：

- 九色鹿与友伴同行
- 飞天仙子千变万化的容颜
- 天龙八部，非止武侠传奇
- 敦煌壁画中的《西游记》
- 喜庆时刻——壁画中的生肖贺岁
- 舞动青春——反弹琵琶与胡旋舞韵
- 空中藻井，艺术穹顶
- 寓意深远的敦煌故事
- 敦煌艺术的色彩斑斓
- 敦煌建造背后的资助者

敦煌画院一方面赋能美育界，针对性地开放自有经典作品及二次创作资源，另一方面也联动文化学者、艺术家、资深教师、科技企业与美育机构，形成合力。我们期待通过"共创、共有、共享"的良性循环，将总结出的理论与实践经验推广至更多学校、机构和家庭。

敦煌童画的任务是什么？

如何寻找最适合青少年学习敦煌艺术的教学途径？何种敦煌课程能真正吸引孩子们的兴趣？怎样激发孩子们的广泛自主创造性？如何借助敦煌文化蕴含的"真善美"核心理念，引领孩子们的价值观？每一次尝试或许并非都能成功，但定能迎来新的契机。

一大波展现奇思妙想的作品诞生了

开课后,孩子们果然对敦煌"民生百态"主题非常感兴趣,"原来古时候还有酒吧啊""原来古时候还有菜市场啊""真羡慕古人还可以打猎"等各种话题都冒了出来。孩子们对古代人的生活非常好奇,课堂活跃度相当高。同时壁画中的人物造型、色彩、景物对孩子们的绘画都起到了很好的启蒙作用,童趣与敦煌壁画的结合让我们更深刻地体会到,敦煌壁画不仅仅是文物,更是不断生长的生命。

——《敦煌童画》项目指导老师　程绘冰

《凉亭酒肆》(袁紫芸　10岁)　　　　《求雨灌溉图》(程泽信　7岁)

暮岁
慈日
大寒 三候，水泽腹坚

"儿童的眼里，这个世界是很纯真的，与敦煌壁画的精神内涵有很多共鸣。如果可以带领他们一起神游其中，如飞天般轻舞飞扬，一定是一件特别美的事。"

——当代青年画家 靳新超

《五福之"寿"字设计》
（姜蕴恩 12岁）

《灵动飞天》
（杜婧轩 13岁）

　　过年啦！敦煌壁画中有福、禄、寿、禧、财。孩子们用汉字的设计将敦煌与中华传统文化相结合，体现了敦煌艺术中的佑福文化。

——《敦煌童画》项目评委

　　刚开始觉得"飞天"主题比较熟悉，但把飞天作为一个独立项目去研究时，我们才发现之前对飞天的理解过于表面和肤浅。因此，团队抱着极大的兴趣与好奇心重新研究飞天，飞天从北凉时期萌发到元朝时期衰落，从曾经在敦煌壁画中作为配角到如今反客为主，从散花施香到成为伎乐再到借"一根飘带"无羽而飞，尽现中国古人对"精神自由"的追求。所以我们设计了这堂课"假如××是飞天"，希望孩子们设计出一个新的飞天，让身上的飘带帮助实现"心之向往"。

——《敦煌童画》项目指导老师 黎黎

《大圣殷勤拜南海》(田鑫乐　15岁)

围绕《西游记》展开的系列创作，乍看起来似乎和敦煌不太相关。但是你若用心观察便会发现，榆林窟的壁画中也不乏玄奘和孙悟空的形象。把敦煌和《西游记》联系在一起看，你会发现敦煌其实就是一扇面向古代美术的门。推开这扇门，你就会看见很多意料之外的有趣内容。

——《敦煌童画》项目评委

敦煌成为孩子们最喜欢、最期盼的艺术主题。除了通过美术课程让孩子们了解敦煌，我们还想让孩子们"走进"敦煌。于是，我们从敦煌中梳理出几条线索——开窟的乐傅和尚、朝代变更、丝绸之路、供养人、普通人的内心需求、不同时代的审美，并据此创作了一部儿童话剧。画室的老师们纷纷化身为灯光师、服装师、道具师、化妆师，孩子们亲自演绎，经历了敦煌从无到有、从繁华到没落的兴衰史，深刻理解了中国人刻在骨子里的"真善美"。

——《敦煌童画》项目指导老师　刘杰

敦煌艺术的标志是什么？

是敦煌的经典故事主题？是敦煌的矿物质色彩？还是有代表性的敦煌形象——飞天或九色鹿？一切都是，一切又都不是。正是老师们和孩子们的探索，让我们不断拓展敦煌美育的边界。

《雨中耕作》（刘依漪　8岁）

AI生成作品

孩子笔绘的作品和以此为依据生成的 AI 作品

暮 顺日 **岁**

大寒 三候，水泽腹坚

"美育者，与智育相辅而行，以图德育之完成者也。"
——教育家 蔡元培

用 AI 创作敦煌童画

在童年时光，想象力虽如繁星般夺目，但画作往往显得幼稚，难以完整地传达内心世界的精彩。这时候若过分强调传统美术技巧的教育，则有可能在不经意间抹杀了宝贵的想象力。这便是青少年美育中一个棘手的矛盾。

在寻求解决之道时，一个前所未有的创新之物映入眼帘——AI 绘画。通过将想象关键词 Prompt（文字启发的图像）或草图（图像启发的图像）输入智能系统，AI 便能创作出技术上成熟的作品。理论上，只要想象力无限，AI 绘画的潜能便无尽可能。

将 AI 融入青少年美育，这是一个充满想象力的构想，同时也是一项具有颠覆性的改革。它不仅能够缓解技巧练习的单调乏味，还能进一步激发孩子们的创造力。

基于此，敦煌童画与合作伙伴共同研发了一款专为孩子设计的 AI 绘画工具——"与 AI 共绘敦煌"。这款小程序适用于学龄前至青少年阶段，旨在辅助学校及美育机构开展 AI 美术教学。它能够引导孩子们将实体画作中的构思转化为实体作品的衍生创意，让孩子们在探索不同艺术风格的同时，释放更加自由大胆的创新思维。

在这一探索过程中，我们始终强调："AI 是辅助工具"，旨在协助孩子们在表达与思考的过程中，发现个人兴趣所在，进而回归美育的根本。

对于 AI 在美育上的应用，家长们的态度有哪些矛盾？

一方面，家长们期望孩子们能够掌握 AI 绘画技巧；另一方面，又担心这会削弱孩子们的创作热情和实践能力。实际上，未来的孩子们将不可避免地与 AI 共生，正如我们这一代人离不开电脑和手机一样。美育的主导方向也将逐渐从严谨的技巧训练转向对想象力的培养和对美的鉴赏力提升。因为我们的初衷，往往并非培养职业画家，而是培养能够真正理解美、欣赏美、创造美的人。

敦煌童画
DUNHUANG ART OF CHILDREN

敦煌童画项目标识

暮岁 忠日
大寒 三候，水泽腹坚

"今天的我们如何看待敦煌的明天，将是对昨天问题最好的回答。"

——"敦煌如是绘"艺术展

敦煌童画，不是童话

这些年来，敦煌画院与合作伙伴一起发展"敦煌童画"这一美育项目，日拱一卒，凭借着满腔热情与耐心，持续推进此事的发展。

自 2019 年至今，敦煌童画已连续成功举办五届画展，共计征集全国两千余幅精彩画作。其中，两百幅佳作被收录于"敦煌画院敦煌童画佳作库"；全国各地的三百余家美育机构参与了合作；线上线下展览吸引了超过十万观众前来参观。

敦煌童画正逐渐走进各地的美术馆与公共文化空间：天津棉里美术馆"敦煌童画艺术展"、济南书苑广场"不可思议敦煌艺术展"，以及在北京金隅喜来登酒店的公共文化空间、北京外国语大学、广州文化馆等地举办"敦煌如是绘"系列艺术展。

敦煌童画的未来蓝图又是什么呢？

五载时光，从为孤独症儿童举办画展，到与一线高校携手，联动众多美育机构、文化艺术场馆，共同研发敦煌课件，推广敦煌文化，这一切不仅源于一腔热血，更有那冥冥中注定的使命："为了中国下一代人的文化复兴"。敦煌童画的未来蓝图，将由吾辈共同来创造。

昨天 敦煌艺术,从北凉始,经隋唐,至宋元,历经11个朝代,1 600多年。
千百年间,或战火、或更迭、或盛世、或饥荒,创作从未间断,终使得古老的壁画艺术穿越千古和我们相会于今天。

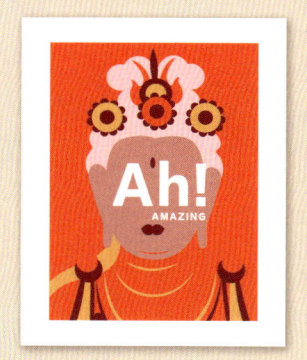

今天 今天的敦煌艺术,不只需要保护,更重要的是走进每个人的心中。

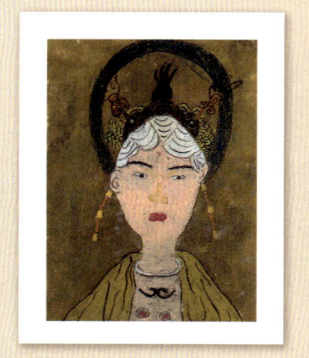

明天 敦煌的明天,是美的滋养,是理想国的精神存在。

后记

我们能为敦煌做些什么？

最后，想讨论一下今天的我们能为敦煌做些什么。

作为人类文化遗产，敦煌首先当然需要保护和研究。这确实是非常宏大的事业（我们得感谢老一辈艺术家和敦煌研究院付出的一切），但是，是否只有文物专家才有资格参与呢？

敦煌需要每一个人的理解。

在习惯以中原视角来看待西部的成年人眼中，敦煌可能只是书本中的远方、现实中的旅游目的地。说起敦煌，无非是九色鹿和飞天而已。即使在中华文化不断走向自信的今天，以文艺复兴为基石的西方艺术仍然占据着美术教育市场的主导地位，敦煌艺术由于种种原因很难真正走进孩子们的课堂。

真的很少有人意识到，敦煌代表着长达1 600年的中国古代史。深入了解敦煌这个样本，其实就能系统了解我们自己的过去。

认识并爱上敦煌，就是你能做的最好的事情。

我们对敦煌了解得太少，理解得太浅，甚至只是贸然跑到石窟里面去看一眼，却不知这样的主观"喜爱"反而会对敦煌造成客观损害。

然而，认识敦煌不是一件易事，你肯定会发现敦煌知识极为繁复（背后的客观原因是博大精深的中国文明，及其与外来文明的交融）。

敦煌就像一个海市蜃楼，既遥远又不可触摸。市面上大部分关于敦煌的图书是学术性讨论研究的产物，重点是对某个"点"的刻画，关注点极细，目标人群仅为小众。面对浩如烟海的资料，普通人非常容易迷失，越看越不懂。然而，敦煌实质上不是某个具象的点，而是整体"文化系统"，其内容包括地理、世界史、中国史、宗教、艺术、美术、雕塑、绘画、音乐、舞蹈、民俗等，可谓包罗万象。

从艺术入手，以壁画为导向，视热爱为终点。

在我们的经验里，"艺术"其实是对大部分人更友好、更轻松的方式。即使小时候没有学习过绘画，也并不妨碍今天（我们带着孩子）欣赏和感知艺术。

你如果去过莫高窟，肯定会意识到建筑、彩塑和壁画是浑然一体的，但是这种沉浸式体验极难通过书本来传递。幸运的是，敦煌壁画作为其中最具代表性的元素，却容易被印刷品传递和表达。通过对敦煌壁画中核心形象的解构，可以触及敦煌艺术的精髓，深入了解相关的文化内核。值得一提的是，我们从"斑驳模糊"的壁画中提炼出了线条和造型，并进行了有创意的表达，以便你看得明白。

同样，面对敦煌这么一个庞大的跨时空、跨文化主题，一定需要站在某种视角才能够深入其中，否则很容易陷入"盲人摸象"的状态——收集了无数碎片，仍然很难拼出完整的图片。我们试着用一个个章节来梳理一条条线索，比如以敦煌画师的视角来贯通古今，解开更加丰富有趣的敦煌谜团。每一堂日课既描述一个细节，又让读者在一个系统中注意到这个细节的位置，而不至于迷失其中。希望借助这些线索，你能够最终在脑海中拼出一幅较为完整的敦煌图景。

希望你不仅看到壁画，更能看到背后的人。

作为人类文化遗产，敦煌为历代的人们所传承、创造和守护，可以说是千古共创的结果。

敦煌，从来都是无数人的敦煌。说起敦煌，我们必然提到张骞、玄奘、张议潮、曹议金、张大千、常书鸿等著名人物。但我更想和大家分享的是小人物的视角，那些在历史上没有名字的人。在敦煌历史上，他们身影模糊，不仅有技艺高超的画师画匠，也有开窟的工匠、塑匠，还有不同民族、不同等级的供养人。从他们的视角，我们可以看到一个融汇古今的敦煌，一个抱着开放心态的敦煌，一个不断前行的敦煌。他们因为敦煌而汇聚于此，也因为敦煌而被历史铭记。

无论时代如何变迁，敦煌都是黑暗洞窟里的点点灯火——被供养人造像纪念，为无名画匠提供生计，更给无数人带来理想和期望。敦煌不应是遥远和陌生的戈壁石窟，而应是人们心中温暖和亲近的存在。

敦煌的明天会是什么样？这取决于你和我。

敦煌艺术给我留下的最深印象，是其穿越千年的生命力。然而伴随着文旅市场的火爆，我们这代人或许真的要面对敦煌壁画不断被损毁的现实。

敦煌艺术只有和科技相结合，走进数字世界，走进下一代人的心中，和这个时代同频共振，真正走进千家万户，才会真正找回生命力。

在《聊聊敦煌吧》节目中，作家韩松落说，历史上，普通的画匠刚受到训斥，随后就跑去画佛像。但更让我感动的是他接着说的那句："普通如你我，投入在敦煌之中，也能熠熠发光。"

敦煌，也是每个人的敦煌。是啊，个人如萤火，而敦煌如星海。当每个人的萤火汇入星海，每个人的光芒就能得以保存，敦煌就会多一个存在的理由。

致谢

不负时光，不负敦煌

面对"传播敦煌文化，讲好中国故事"这一宏大主题，拆解敦煌这一庞大的知识体系，确实是一件有趣但非常有挑战性的工作。这套书中必然会存在某些纰漏和失误，原因主要在于我自己能力有限。

在此，感谢卜希霆院长赐予书名，王津先生精心策划，刘立成老师热心给予建议，以及中信出版社、小天下和锦澈文化项目组倾情投入。还要感谢各位敦煌文化爱好者的支持，没有你们，我们断然完成不了这项工作。

一并感谢热心参与敦煌童画公益项目的新超老师、美育机构，以及积极探索敦煌数字艺术的诸多艺术家，你们的灵感和实践让我们看到了敦煌的未来。

衷心希望你通过这本书，不仅看见敦煌壁画里的种种细节，还看见无数普通人的创造，更看见自己的内心。

李硕

敦煌画院　副院长

2024 年 12 月 31 日于北京

参考书目

孙英刚，何平. 犍陀罗文明史 [M]. 北京：生活·读书·新知三联书店，2018.

何山. 西域文化与敦煌艺术：修订本 [M]. 桂林：广西师范大学出版社，2020.

郑炳林. 敦煌与丝绸之路文明 [M]. 南京：江苏人民出版社，2018.

荣新江. 从张骞到马可·波罗：丝绸之路十八讲 [M]. 南昌：江西人民出版社，2022.

杨琪. 敦煌艺术入门十讲 [M]. 北京：生活·读书·新知三联书店，2016.

赵声良. 敦煌艺术十讲 [M]. 北京：文物出版社，2017.

敦煌研究院，赵声良，杜鹃，等. 敦煌岁时节令 [M]. 南京：江苏凤凰美术出版社，2022.

敦煌研究院."画"中有话：敦煌石窟百讲 [M]. 长沙：湖南文艺出版社，2023.

敦煌研究院. 敦煌艺术大辞典 [M]. 上海：上海辞书出版社，2019.

敦煌画院. 敦煌如是绘：接续 1600 年美的历程 [M]. 北京：中信出版社，2022.

秦川，安秋. 敦煌画派 [M]. 兰州：甘肃教育出版社，2018.

易存国. 敦煌艺术美学 [M]. 上海：上海人民出版社，2013.

魏泓. 丝绸之路：十二种唐朝人生 [M]. 王姝婧，莫嘉靖，译. 成都：四川人民出版社，2020.

何鸿. 如何读懂敦煌 [M]. 杭州：浙江大学出版社，2020.

余秋雨. 文化苦旅 [M]. 武汉：长江文艺出版社，2019.

巫鸿. 空间的敦煌[M]. 北京：生活·读书·新知三联书店，2022.

邢耀龙. 敦煌大历史[M]. 北京：北京联合出版公司，2022.

赵声良. 敦煌石窟艺术简史[M]. 北京：中国青年出版社，2019.

郭浩. 中国传统色：敦煌里的色彩美学[M]. 北京：中信出版社，2022.

沙武田. 敦煌画稿研究[M]. 北京：中央编译出版社，2007.